CARTAS
e Epigramas

O livro é a porta que se abre para a realização do homem.

Jair Lot Vieira

PLATÃO

CARTAS
e Epigramas

TRADUÇÃO, TEXTOS ADICIONAIS E NOTAS
EDSON BINI
Estudou filosofia na Faculdade de Filosofia,
Letras e Ciências Humanas da USP.
É tradutor há mais de 40 anos.

Copyright da tradução e desta edição © 2011 by Edipro Edições Profissionais Ltda.

Todos os direitos reservados. Nenhuma parte deste livro poderá ser reproduzida ou transmitida de qualquer forma ou por quaisquer meios, eletrônicos ou mecânicos, incluindo fotocópia, gravação ou qualquer sistema de armazenamento e recuperação de informações, sem permissão por escrito do editor.

Grafia conforme o novo Acordo Ortográfico da Língua Portuguesa.

1ª edição, 1ª reimpressão 2019.

Editores: Jair Lot Vieira e Maíra Lot Vieira Micales
Coordenação editorial: Fernanda Godoy Tarcinalli
Tradução, textos adicionais e notas: Edson Bini
Revisão do grego: Ticiano Curvelo Estrela de Lacerda
Revisão: Ana Lúcia Sant'Anna Lopes
Diagramação: Ana Laura Padovan
Arte: Ana Laura Padovan, Angela Luiz e Simone Melz

Dados Internacionais de Catalogação na Publicação (CIP)
(Câmara Brasileira do Livro, SP, Brasil)

Platão (427?-347? a.C.)

    Cartas e epigramas / Platão ; tradução, textos adicionais e notas Edson Bini. – São Paulo : Edipro, 2011. (Clássicos Edipro)

    Títulos originais: ΕΠΙΣΤΟΛΑΙ

    ISBN 978-85-7283-705-7

    1. Cartas 2. Epigramas 3. Filosofia antiga I. Bini, Edson. II. Título III. Série.

10-12122   CDD-184

Índices para catálogo sistemático:
1. Filosofia platônica : 184
2. Platão : Filosofia : 184

São Paulo: (11) 3107-4788 • Bauru: (14) 3234-4121
www.edipro.com.br • edipro@edipro.com.br
@editoraedipro   @editoraedipro

SUMÁRIO

Nota do tradutor 7
Apresentação 9
Dados Biográficos 17
Platão: sua obra 21
Cronologia 39

CARTAS 43
I – Platão a Dionísio: Sucesso! 43
II – Platão a Dionísio: Sucesso! 45
III – Platão a Dionísio: Saudações! 52
IV – Platão a Dion de Siracusa: Sucesso! ... 60
V – Platão a Perdicas: Sucesso! 62
VI – Platão a Hérmias, Erasto e Corisco: Sucesso! 63
VII – Platão aos parentes e companheiros de Dion: Sucesso! 65
VIII – Platão aos parentes e companheiros de Dion: Sucesso! 106
IX – Platão a Árquitas de Tarento: Sucesso! ... 115
X – Platão a Aristodoro: Sucesso! 116
XI – Platão a Laodamas: Sucesso! 116

XII – Platão a Árquitas de Tarento: Sucesso!...... 118

XIII – Platão a Dionísio, tirano de Siracusa: Sucesso!... 118

EPIGRAMAS.. 125

NOTA DO TRADUTOR

As traduções deste volume foram realizadas com base nos seguintes textos estabelecidos:
— *Cartas:* edição de Zurique;
— *Epigramas:* edição da Harvard University Press, The Loeb Classical Library.
Entretanto, textos de outros helenistas também foram empregados ocasionalmente.
A possível ocorrência de palavras entre colchetes visa à tentativa de completamento de ideias onde o texto padece de algum hiato que compromete a compreensão.
Com o fito de facilitar e agilizar a consulta motivada pela leitura de outras obras, fizemos constar à margem esquerda da página a numeração da edição referencial de 1578 de Henri Estienne (*Stephanus*).
As notas de rodapé têm caráter meramente informativo ou elucidativo, e esporadicamente crítico, coadunando-se com o cunho didático da edição; contemplam aspectos filosóficos básicos, bem como aspectos históricos, mitológicos e linguísticos.
Dadas as diferenças estruturais entre o grego antigo (idioma declinado) e o português contemporâneo (língua não declinada), a tradução inevitavelmente se ressente de prejuízos do ponto de vista da forma: a beleza e a elegância do estilo literário de Platão são drasticamente minimizadas, mesmo porque, em um discurso filosófico, a preocupação maior do tradutor é preservar o espírito do texto e manter-se, ao menos relativamente, fiel ao teor veiculado.
Procuramos, como sempre, traduzir *a meio caminho* entre a literalidade e a paráfrase, ambas em princípio não recomendáveis, a nosso ver, em matéria de textos filosóficos. Entretanto, tendemos a concordar com Heidegger em que toda tradução é necessariamente hermenêutica; ou seja, ao tradutor é praticamente impossível (embora pugne por ser leal e isento servidor do autor)

impedir que um certo subjetivismo e algum grau de interpretação invadam seu trabalho.

De antemão, solicitamos tanto a indulgência do leitor, para nossas falhas e limitações, quanto suas valiosas sugestões e críticas, para o aprimoramento de edições vindouras. Aqui só nos resta curvarmo-nos à opinião socrática de que, a rigor, *nunca passamos de aprendizes...*

APRESENTAÇÃO

Cartas

As treze Cartas (Epístolas) que traduzimos para este volume figuram na primeira edição das obras completas de Platão de que se tem notícia, isto é, a de Trasilo de Alexandria, que floresceu no começo do século I da era cristã. Trasilo foi contemporâneo de Augusto, do segundo imperador romano, Tibério (que governou entre 14 e 37 d.C.) e do próprio Cristo. Sua edição constitui essencialmente a base e o referencial das edições medievais e modernas posteriores.

Para sermos precisos, na ordem dos manuscritos, Trasilo situou as Cartas na última tetralogia (grupo de *quatro* obras), exatamente antes dos diálogos apócrifos.

Embora tenha havido e haja algumas edições completas de Platão que não incluem as Cartas (e/ou os diálogos suspeitos, os apócrifos e os Epigramas), entendemos que elas e eles deveriam integrar estas Obras Completas, a despeito da questão da autenticidade autoral.

Por conta do caráter didático-formativo e não erudito de nossa edição, nos limitaremos aqui a considerações sumárias acerca das Cartas e dos Epigramas e do motivo de sua inclusão.

A questão dos textos espúrios (apócrifos) e dos suspeitos no âmbito da obra de Platão foi e permanece delicada e polêmica entre historiadores da filosofia e helenistas. Alternam-se convergências e divergências entre os estudiosos.

No que diz respeito às Cartas, tal como ocorreu com os diálogos suspeitos e apócrifos, as posições dos estudiosos mudaram e flutuaram ao longo dos séculos desde a histórica edição original completa de Trasilo precisamente no início da era cristã.

Os editores antigos e medievais em geral não viam grande problema em agregar obras de autoria questionável às coleções ou obras completas de autores consagrados e famosos como Platão. Por outro lado, bibliotecários de algumas das mais importantes bibliotecas da Europa (de Pérgamo e de Alexandria) pagavam elevados preços por manuscritos raros que ostentavam nomes dos grandes vultos da cultura helênica, o que certamente enriquecia seus acervos, mas ao mesmo tempo estimulava a ação dos imitadores e fraudadores. Não havia da parte deles a preocupação de apurar com absoluto rigor a autenticidade das obras.

Durante largos períodos da antiguidade tardia e da primeira metade da Idade Média, constituiu prática usual autores desconhecidos e/ou inexpressivos comporem textos, sobretudo nas formas literárias consolidadas pelos grandes mestres gregos: epístolas, diálogos, tratados, etc., imitando-os e deles emprestando os nomes.

Muitas escolas de retórica impunham como exercícios instrucionais aos discípulos a composição de textos tomando como modelos a serem imitados os grandes mestres. Apesar do aspecto visivelmente pedagógico dessa prática, seguramente aceita e difundida, com certeza contribuiu para a multiplicação das fraudes. É de se imaginar que milhares de discípulos passavam a negociar seus "trabalhos escolares" com editores e bibliotecas.

Que juntemos a isso o fato óbvio de que os próprios grandes autores e mestres, como Platão e Aristóteles, séculos antes, tinham eles mesmos naturalmente discípulos que os assistiam e imitavam!

Assim, tal como Trasilo (em consonância com os costumes vigentes) não hesitou em anexar as Cartas, os suspeitos e os apócrifos ao *corpus* das obras de Platão, os sábios e estudiosos antigos e medievais não aplicavam nenhum critério estrito para uma possível separação do joio do trigo. Em outras palavras: a questão da autenticidade autoral e de sua relevância só surgiu a rigor na modernidade.

Consumados helenistas do século XIX (como Zeller e Ast) radicalizaram no que respeita às Cartas: taxaram todas as treze de apócrifas. Já helenistas do século XX tenderam a se pronunciar, em flagrante contraste com os anteriores, a favor da autenticidade da maioria delas. Alguns, já no final do século passado (como John M. Cooper) preferiram não se manifestar a favor ou contra o caráter genuíno da totalidade das Cartas, ou de qualquer uma delas.

Em meio a posicionamentos distintos determinados por análises e razões igualmente distintas, o que evidentemente mantém a questão polêmica das Cartas em aberto e não solucionada, há, ao menos, uma propensão geral no sentido de condenar as Cartas I, V, IX e XII como espúrias e as Cartas *abertas* VII e VIII (positivamente e de longe as mais extensas, mais substanciosas e melhor elaboradas) como de *provável* autoria de Platão.

Não vemos como, a não ser que o futuro nos reserve novos recursos e técnicas sofisticados e infalíveis, resolver essa questão de maneira definitiva e plenamente satisfatória para todos.

Que se diga, contudo, que algumas dessas Cartas denunciam, quer pela mediocridade literária, quer pela carência de argumentação filosófica, quer pela superficialidade dos assuntos ventilados, quer mesmo pela expressão de pontos de vista decididamente não platônicos, que não passam de imitações grosseiras. Por outro lado, algumas outras exibem exímios escritores que apresentam argumentação plausível, considerável capacidade literária e até um estilo que, por vezes, evoca Platão. Tendemos, portanto, como boa parte dos helenistas modernos e contemporâneos, a não crer na autenticidade de onze entre as treze Cartas, admitindo apenas a *probabilidade* da autoria de Platão para as Cartas VII e VIII.

À parte da celeuma em torno da autenticidade ou não autenticidade, as Cartas, a despeito do seu valor filosófico e literário em geral medíocre, possuem incontestavelmente grande valor histórico; além disso, constituem o único documento de que dispomos a respeito da ação política de Platão e da influência que a Academia exerceu (se expressiva ou inexpressiva não nos cabe discutir aqui) no cenário político da Magna Grécia no tempo do próprio Platão.

Na sequência descrevemos concisamente o pano de fundo histórico em que se moveu Platão na sua única experiência de práxis política de que temos conhecimento.

A Sicília no tempo de Platão (século IV a.C.) era em grande parte helênica, estando ali estabelecida uma bastante expressiva população grega. Embora os gregos não tivessem controle político sobre toda a ilha, sua hegemonia era um fato, ainda que regularmente ameaçada pelos cartagineses e os italianos.

Quando tinha cerca de quarenta anos (aproximadamente 11 anos após a morte de Sócrates), Platão fez efetivamente sua primeira visita à Itália e à Sicília, onde permaneceu de 388 a 387 a.C.

Siracusa era a principal cidade da Sicília e a chegada do renomado filósofo a essa cidade quase coincidiu com o colapso do governo democrático e tomada do poder por Dionísio, chamado de Dionísio I, ou Dionísio, o Velho, general que se tornou tirano de Siracusa a partir de então e que devemos distinguir de seu filho, Dionísio II, ou Dionísio, o Jovem, uma das personalidades centrais do drama político que viria a envolver Platão, e destinatário de algumas das Cartas atribuídas a este último.

Na corte de Siracusa, Platão conheceu Dion (cunhado do tirano Dionísio I), jovem de aproximadamente vinte anos. Uma sólida amizade, sedimentada por ideias políticas comuns e reforçada por laços de hospitalidade, não demorou a se formar entre eles.

Entretanto, até porque Platão não era embaixador de Atenas e não se tratava de uma viagem oficial, voltou ele à sua pátria no ano seguinte.

Por duas décadas, Dionísio I, governante rígido, mas competente, barrou a invasão cartaginesa e não só manteve a hegemonia grega na ilha, como estendeu o domínio helênico, avançando pelo território siciliano e o sul da Itália. Transformou Siracusa (a mais importante das cidades gregas da Sicília) num centro de conhecimento e, ao mesmo tempo, num Estado militarmente poderoso.

Dionísio I, contudo, morreu em 367 a.C. e foi sucedido por Dionísio II (nas Cartas chamado simplesmente de *Dionísio*). Como acontece com alguma frequência na história política dos povos orientais e ocidentais (por exemplo, Cambises na Pérsia sucedendo Ciro, Calígula em Roma sucedendo Tibério, Cômodo também na Roma imperial sucedendo Marco Aurélio, etc.), nem sempre o sucessor é dotado dos atributos de quem está sucedendo. Faltava ao jovem Dionísio as qualidades de seu pai para a eficiente administração do império grego siciliano.

No início de seu governo, Dionísio II revelou-se suficientemente flexível para aceitar a orientação de seu tio Dion. Teria sido com respaldo nisso que Dion julgou oportuno e acertado solicitar a presença de Platão na corte de Siracusa para que este participasse de algum modo do governo.

De fato, conseguiu convencê-lo a empreender essa segunda viagem à Sicília em 367 a.C., quando Platão tinha por volta de sessenta anos.

O grande mestre da Academia vislumbrou então a possibilidade e oportunidade de concretizar o ideal de *A República* do Estado comunista governado por um rei-filósofo.

Naturalmente, sua primeira atitude, após conhecer Dionísio, foi tentar atraí-lo para o estudo e cultivo da filosofia. Para esse propósito, decerto Platão contava indispensavelmente com a ascendência de Dion sobre Dionísio.

Embora as primeiras lições de platonismo viessem a fazer frutificar algumas reformas em Siracusa, orquestradas por Dion com a aprovação de Dionísio, este não tardou, em função de suas falhas de caráter e de administrador político (arrogância, vaidade, inconstância, crueldade, falta de discernimento, de espírito público, incompetência, etc.), a rebelar-se contra a disciplina exigida pelo estudo da filosofia, e principalmente contra o tipo de vida virtuosa com o qual os ensinamentos de Platão o comprometiam. Paralelamente, não demorou a dar ouvidos às insinuações feitas pelos inimigos políticos de Dion (descontentes com as recentes reformas), de que ele não era leal a Dionísio e planejava conspirar contra o tirano.

Bastaram alguns meses para que Dion, conselheiro do tirano, amigo e aliado de Platão, seu parceiro na realização de elevados ideais políticos, fosse exilado, e para que Dionísio demonstrasse que não alimentava nenhuma intenção de cultivar a filosofia e submeter-se à sua disciplina.

Depois de uma tentativa frustrada de interceder por Dion e trazer Dionísio à razão, Platão partiu da Sicília de volta a Atenas.

Todavia, em Atenas, Platão, ainda que sem o apoio do exilado Dion, passou a atuar politicamente de maneira positiva promovendo a aproximação e aliança de Tarento e Siracusa.

Aparentemente durante esse período de ausência de Platão na Sicília, no qual Dionísio percebeu que mesmo afastado o filósofo contribuía oficiosamente para reduzir a situação política crítica e conturbada que imperava na região que compreendia o sul da Itália e a Sicília, o tirano de Siracusa compreendeu que podia tirar ampla vantagem de uma reaproximação do filósofo.

Isso o teria motivado a construir uma nova imagem para si, ou seja, a de um soberano não só interessado pessoalmente no cultivo da filosofia, como interessado igualmente em patrocinar as letras e as artes em Siracusa, reconquistando para sua cidade-Estado o destaque de centro de saber que possuíra no tempo de seu pai, Dionísio, o Velho.

Dionísio começou por atrair para sua corte sofistas e sábios em geral, junto aos quais disseminou a ideia de que ele, Dionísio, era um platônico convicto e membro zeloso, ainda que distante, da Academia.

Seu próximo passo foi convidar Platão insistentemente para retornar a Siracusa, no que foi assistido pelo ainda desterrado Dion e outros amigos de Platão, todos sinceramente interessados no retorno de Dion à pátria e na conversão de Dionísio à filosofia, seguida de uma filosofia política aplicada com o propósito de aprimorar o governo de Siracusa e assegurar a estabilidade e a prosperidade para a cidade.

Embora a princípio hesitante e não convencido da autenticidade da disposição de Dionísio, Platão cedeu a tanto rogos e rumou para Siracusa pela terceira vez em 361 a.C.

Contudo, todos os objetivos dessa viagem e estadia de Platão naquela cidade-Estado não foram absolutamente atingidos: Dionísio não se dispôs a executar as reformas políticas recomendadas por Platão, para as quais o próprio tirano dera teoricamente sua aprovação; Platão não obteve êxito em persuadi-lo a admitir o retorno de Dion à pátria, encerrando seu exílio, e Dionísio não iniciou, de modo algum, o seu assíduo estudo da filosofia junto ao mestre ateniense.

Daí por diante as coisas só se agravaram. O ciumento Dionísio acusou Platão de uma clara preferência concedida a Dion em seu detrimento: mais do que isso, de uma defesa obstinada dos interesses de Dion numa postura de deslealdade para com ele, o soberano de Siracusa.

Numa evolução precipitada e preocupante dos acontecimentos, Dionísio logo confiscava as propriedades de Dion na Sicília e interrompia por completo as relações do exilado com a esposa e o filho.

Quanto a Platão, a quem o tirano não dispensava mais sequer o respeito devido à idade do filósofo (por volta de 67 anos) e ao seu imenso prestígio na Magna Grécia, foi transformado virtualmente num prisioneiro do palácio real.

Já temendo por sua vida, Platão conseguiu recorrer a Árquitas de Tarento, que diplomaticamente o retirou da Sicília em 360 a.c.

Nesse mesmo ano Platão, no seu retorno da Sicília, encontrou-se com Dion em Olímpia durante os Jogos, ocasião em que o filósofo pôde relatar minuciosamente ao amigo o que estava ocorrendo em Siracusa.

Dion decidiu-se então por uma expedição militar contra Siracusa para depor Dionísio, no que o filósofo não manifestou o desejo de acompanhá-lo.

Esse episódio marca o fim da atividade política de Platão.

Em 357 a. C. Dion tomou Siracusa e foi bem acolhido pelo povo. Dionísio foi deposto, mas refugiou-se no seu palácio na ilha de Ostígia. Finalmente, Dion dispôs de liberdade para empreender reformas políticas; isso, porém, ao invés de consolidar sua aprovação e popularidade junto ao povo, o desgostou, surgindo em cena a liderança de Heraclides.

Uma sequência de tumultos e agitações na cidade convenceu Dion a eliminar Heraclides, porém essa ação radical só reavivou os ânimos da população contra Dion e reduziu drasticamente sua já escassa popularidade. Em 353 a.C., próximo à instalação do caos em Siracusa, quando Dion mal conseguia conservar um certo controle da situação, foi assassinado por dois atenienses.

Por algum tempo, um desses atenienses controlou o governo de Siracusa, mas em menos de um ano caía devido à ação dos partidários de Dion, chefiados pelo sobrinho deste último, Hiparino.

Hiparino tornou-se governante de Siracusa e Hicetas de Leontini (outra importante cidade da ilha), porém a situação do resto da Sicília continuou extremamente crítica e tensa, presa de uma guerra civil somada às incursões constantes tanto dos italianos quanto dos cartagineses.

Hiparino morreu em 350 a.C., sendo logo seguido ao túmulo por seu irmão Nisaeu. Quanto a Hicetas em Leontini, embora inicialmente integrante do partido de Dion, insurgiu-se contra este e promoveu uma perseguição mortal a todos os membros da família de Dion.

Assim, por ocasião de sua morte (*circa* 347 a.C.), Platão recebia notícias sombrias da Sicília e particularmente de Siracusa, onde ele pensara em tornar realidade o seu governo ideal de *A República* (aquele do rei-filósofo), ou talvez, ao menos, o *segundo melhor governo* (aquele do império das leis) exposto na sua extensa e derradeira obra, *As Leis...*

Epigramas

O epigrama é um poema curto, em dísticos (parelhas de versos) elegíacos destinado especificamente à inscrição num monumento funerário ou empregado em dedicatórias variadas.

A fonte dos dezoito Epigramas não é a edição de Trasilo e sim duas coleções de poesia grega: as Antologias "Palatina" e "Planudeana" procedentes da Idade Média.

Tal como as Cartas, os primeiros dez Epigramas são atestados por Diógenes Laércio (primeira metade do século III) na sua biografia de Platão. Muitos entre os dezoito são citados e atribuídos a Platão por alguns autores antigos.

Os helenistas, também nesse caso, dividem-se no que diz respeito à autenticidade. Há, a propósito, conceituadas e consagradas edições, modernas e contemporâneas, que incluem as Cartas, mas não os Epigramas.

Debate de eruditos à parte, há uma tendência geral entre os estudiosos modernos e contemporâneos de classificar a maioria dos Epigramas como *suspeita*, ou seja, de duvidar de sua autenticidade autoral, mas não propriamente classificá-la como *apócrifa*. Os Epigramas 1, 2, 3 e 7, inclusive, não são regularmente postos em dúvida, alguns helenistas ilustres admitindo para eles a autoria de Platão.

Segundo a tradição, antes de interessar-se pela filosofia, Platão dedicou-se à poesia, incluindo os ditirambos e mesmo a poesia trágica. O que é certo é que se assim foi, sua obra poética não chegou a nós.

De qualquer modo, essa hipótese é fortalecida pelo indiscutível talento poético de Platão exibido indiretamente na prosa de várias passagens de seus diálogos, do que o *Fedro* constitui um exemplo marcante.

Independentemente de tudo o mais, o valor literário dos Epigramas é inquestionável e entendemos que tão só sua simples conexão com Platão já constitui motivo suficiente para fazê-los constar nas obras completas do filósofo.

DADOS BIOGRÁFICOS

Em rigor, pouco se sabe de absolutamente certo sobre a vida de *Platão*.

Platão de Atenas (seu verdadeiro nome era Aristocles) viveu aproximadamente entre 427 e 347 a.C. De linhagem ilustre e membro de uma rica família da Messênia (descendente de Codro e de Sólon), usufruiu da educação e das facilidades que o dinheiro e o prestígio de uma respeitada família aristocrática propiciavam.

Seu interesse pela filosofia se manifestou cedo, e tudo indica que foi motivado particularmente por *Heráclito de Éfeso*, chamado *O Obscuro*, que floresceu pelo fim do século VI a.C.

É bastante provável que, durante toda a juventude e até os 42 anos, tenha se enfronhado profundamente no pensamento pré-socrático – sendo discípulo de Heráclito, Crátilo, Euclides de Megara (por meio de quem conheceu as ideias de Parmênides de Eleia) – e, muito especialmente, na filosofia da Escola itálica: as doutrinas pitagóricas [mormente a teoria do número (ἀριθμός – *arithmós*) e a doutrina da transmigração da alma (μετεμψύχωσις – *metempsýkhosis*] exercerão marcante influência no desenvolvimento de seu próprio pensamento, influência essa visível mesmo na estruturação mais madura e tardia do platonismo original, como se pode depreender dos últimos diálogos, inclusive *As Leis*.

Entretanto, é inegável que o encontro com Sócrates, sua antítese socioeconômica (Sócrates de Atenas pertencia a uma família modesta de artesãos), na efervescência cultural de então, representou o clímax de seu aprendizado, adicionando o ingrediente definitivo ao cadinho do qual emergiria o corpo de pensamento independente e original de um filósofo que, ao lado de Aristóteles, jamais deixou de iluminar a humanidade ao longo de quase 24 séculos.

Em 385 a.c., Platão, apoiado (inclusive financeiramente) pelos amigos, estabeleceu sua própria Escola no horto de *Academos* (Ἀκαδήμεια), para onde começaram a afluir os intelectos mais brilhantes e promissores da Grécia, entre eles Aristóteles de Estagira, que chegou a Atenas em 367 com 18 anos.

É provável que, logo após a autoexecução de seu mestre (399), Platão, cujos sentimentos naqueles instantes cruciais não nos é possível perscrutar, tenha se ausentado de Atenas, e mesmo da Grécia, por um período que não podemos precisar. Teria visitado o Egito e a Sicília; de fato ele demonstra em alguns de seus diálogos, mais conspicuamente em *As Leis*, que conhecia costumes e leis vigentes no Egito na sua época.

Não é provável, contudo, que demorasse no estrangeiro dada a importância que atribuía à Academia, à atividade que ali desempenhava e que exigia sua presença. Ademais, suas viagens ao exterior seguramente não visavam exatamente ao lazer: Platão buscava o conhecimento, e se algum dia classificou os egípcios como *bárbaros*, por certo o fez com muitas reservas.

Diferentemente de seu velho mestre, Platão, que devia portar-se como um cidadão exemplar apesar de sua oposição inarredável à democracia ateniense, jamais se indispôs com os membros proeminentes do Estado ateniense; nesse sentido, sua prudência e postura de não envolvimento são proverbiais, o que se causa certo espanto por partir de um dos primeiros teóricos do Estado comunista governado por *reis-filósofos* (como constatamos em *A República*) e do Estado socialista (*As Leis*), que ainda retém características de centralização do poder no Estado, parecerá bastante compreensível em um pensador que, à medida que amadurecia sua reflexão política, mais se revelava um conservador, declaradamente não afeito a transformações políticas; para Platão, nada é mais suspeito e imprevisível do que as consequências de uma insurreição ou revolução. Outrossim, não devemos esquecer que Platão pertencia, ele próprio, à classe abastada e aristocrática de Atenas, posição que aparentemente não o incomodava em absoluto e até se preocupava em preservar.

Platão morreu aos 80 ou 81 anos, provavelmente em 347 a.C. – *dizem* – serenamente, quase que em continuidade a um sono tranquilo... Θάνατος (*Thánatos*), na mitologia, é irmão de Ὕπνος (*Hýpnos*).

PLATÃO: SUA OBRA

Em contraste com a escassez de dados biográficos, foi-nos legada de Platão – ao menos são esses os indícios – a totalidade de suas obras, e *mais* – muito provavelmente quase todas completas, fato incomum no que toca aos trabalhos dos pensadores antigos helênicos, dos quais muito se perdeu. As exceções são representadas pelo último e mais extenso Diálogo de autoria inquestionada de Platão, *As Leis*, e o Diálogo *Crítias*.

Essa preciosa preservação se deve, em grande parte, ao empenho do astrólogo e filósofo platônico do início do século I da Era Cristã, Trasilo de Alexandria, que organizou e editou pela primeira vez o corpo total das obras de Platão, inclusive os apócrifos e os textos "platônicos", cuja autoria é atribuída aos seguidores diretos e indiretos do mestre da Academia. Todos os manuscritos medievais da obra de Platão procedem dessa edição de Trasilo.

Diferentemente de outros filósofos antigos, filósofos medievais e modernos, Platão não é precisamente um *filósofo de sistema* à maneira de Aristóteles, Plotino, Espinosa, Kant ou Hegel, que expressam sua visão de mundo por meio de uma rigorosa exposição constituída por partes interdependentes e coerentes que, como os órgãos de um sistema, atuam em função de um todo e colimam uma verdade total ou geral. Todavia, Platão também não é um pensador *assistemático* nos moldes dos pré-socráticos (cujo pensamento precisamos assimilar com base nos fragmentos que deles ficaram) e de expoentes como Nietzsche, que exprimem sua visão do universo por máximas e aforismos, os quais pretendem, na sua suposta independência relativa, dar conta da explicação ou interpretação do mundo.

Inspirado pela concepção socrática da ἀλήθεια [*alétheia*] – segundo a qual esta não é produto externo da comunicação de um outro indivíduo (na prática, o mestre) ou da percepção sensorial ou empírica da realidade que nos cerca, mas está sim já presente e latente em cada um de nós, competindo ao mestre apenas provocar mediante indagações apropriadas, precisas e incisivas o nascer (o *dar à luz* – μαιεύω [*maieýo*], voz média: μαιεύομαι [*maieýomai*]) da ἀλήθεια (*alétheia*) no discípulo –, Platão foi conduzido ao *diálogo*, exposição *não solitária* das ideias, na qual, por exigência do método socrático (maiêutica – a *parturição das ideias*), são necessárias, no mínimo, *duas* pessoas representadas pela voz principal (o mestre, que aplica a maiêutica) e um interlocutor (o discípulo, que dará à luz a verdade [ἀλήθεια]).

Na maioria dos diálogos platônicos, essa voz principal é a do próprio Sócrates, ou seja, o mestre de Platão, de modo que nos diálogos, que provavelmente pertencem à primeira fase de Platão, sob forte influência de Sócrates, é difícil estabelecer uma fronteira entre o pensamento socrático e o platônico. A partir do momento em que despontam as ideias originais de Platão {a teoria das *Formas*, a teoria da alma (ψυχή [*psykhé*]), a teoria do Estado (πόλις [*pólis*]) etc.}, Sócrates assume o papel menor de porta-voz e veiculador das doutrinas de Platão.

O fato é que Platão desenvolveu e aprimorou a *maiêutica* de maneira tão profunda e extensiva que chegou a um novo método, a *dialética*, que nada mais é – ao menos essencialmente – do que a arte (τέχνη [*tékhne*]) do diálogo na busca do conhecimento (γνῶσις [*gnôsis*]).

Do ponto de vista do estudante e do historiador da filosofia, essa forma e esse método *sui generis* de filosofar apresentam méritos e deméritos. Platão não se manifesta apenas como um filósofo, embora primordialmente o seja. No estilo e na forma, é também um escritor e, na expressão, um poeta.

Ora, isso torna sua leitura notavelmente agradável, fluente e descontraída, em contraste com a leitura de densos e abstrusos tratados sistemáticos de outros filósofos. Por outro lado, colocando-nos na pele dos interlocutores de Sócrates, é como se, tal como eles, fizéssemos gerar em nós mesmos a verdade.

Como contestar, porém, que o brilhante discurso literário do diálogo não dificulta e mesmo empana a compreensão e assimilação do pensamento do mestre da Academia?

É provavelmente o que ocorre, embora com isso nos arrisquemos a receber a pecha de racionalistas.

Essa situação é agravada pelo uso regular que Platão faz do mito (μῦθος [*mŷthos*]).

O mestre Platão, de qualquer modo, sente-se muito à vontade e convicto de que seu método concorreria precisamente para o contrário, ou seja, a compreensão de seu pensamento.

Não há dúvida de que isso se aplicava aos seus contemporâneos. Imaginaria Platão que sua obra resistiria a tantos séculos, desafiando a pósteros tão tardios como nós?

Paradoxalmente, o saldo se mostrou mais positivo que negativo. É possível que, em virtude *exatamente* de sua atraente e estimulante exposição filosófica sob a forma literária do diálogo, Platão tenha se tornado um dos mais lidos, estudados, publicados e pesquisados de todos os pensadores, o que é atestado pela gigantesca bibliografia a ele devotada.

Voltando ao eixo de nossas considerações, é necessário que digamos que dentre tantos diálogos há um *monólogo*, a *Apologia de Sócrates*, que, naturalmente, como um discurso pessoal de defesa, não admite a participação contínua de um interlocutor.

Há, também, as treze *Epístolas*, ou *Cartas*, de teor político, dirigidas a Dion, Dionísio de Siracusa, e a outros governantes e políticos da época, e os dezoito *Epigramas*.

Na sequência, juntamos despretensiosas sinopses dos diálogos (e da *Apologia*), no que tencionamos fornecer àquele que se interessa pelo estudo do platonismo somente uma orientação básica, em meio aos meandros do complexo *corpus* de doutrina exibido pelos diálogos.

Os diálogos (mais a *Apologia*), cuja autoria de Platão é aceita unanimemente por sábios, estudiosos, eruditos, escoliastas, filólogos e helenistas de todos os tempos, em número de *nove*, são (em ordem não cronológica, pois qualquer estabelecimento de uma cronologia que se pretenda, objetiva e rigorosa, é dúbio) os seguintes:

FEDRO: Trata de dois assuntos aparentemente desconexos, mas vinculados por Platão, ou seja, a natureza e os limites da retórica (crítica aos sofistas) e o caráter e o valor do amor sensual (ἔρος [*éros*]). Esse diálogo está assim aparentado tanto ao *Banquete* (acerca das expressões de ἔρος) quanto ao *Górgias* (acerca da figura do verdadeiro filósofo em contraste com o sofista). Escrito antes da morte de Sócrates, é um dos mais atraentes e expressivos diálogos. Seu nome é de um grande admirador da oratória.

PROTÁGORAS: O assunto é específico (embora envolva os fundamentos gerais das posições antagônicas de Platão e dos sofistas), a saber, o conceito e a natureza da ἀρετή [*areté*]. É a virtude ensinável ou não? A mais veemente crítica de Platão aos mais destacados sofistas: Protágoras, Hípias e Pródico.

O BANQUETE: O assunto é a origem, diferentes manifestações e significado de ἔρος (*éros*). O título desse diálogo (Συμπόσιον [*Sympósion*]) indica a própria ambientação e cenário do mesmo, isto é, uma festiva reunião masculina regada a vinho. Anterior à morte de Sócrates.

GÓRGIAS: É sobre o verdadeiro filósofo, o qual se distingue e se opõe ao sofista. Platão prossegue criticando os sofistas, embora Górgias, segundo o qual nomeou o diálogo, fosse um prestigioso professor de oratória que proferia discursos públicos, mas "não ensinava a virtude em aulas particulares remuneradas". Um dos mais complexos diálogos, que parece ter sido escrito pouco antes da morte de Sócrates.

A REPÚBLICA: O segundo mais longo dos diálogos (o mais longo é *As Leis*). Apresenta vários temas, mas todos determinados pela questão inicial, fundamental e central, e a ela subordinados: o que é a justiça (δίκη [*díke*])?... Ou melhor, *qual é a sua natureza, do que é ela constituída?* Nesse diálogo, Platão expõe sua concepção de um Estado (comunista) no qual a ideia de justiça seria aplicável e a própria δίκη realizável e realizada. O título *A República* (amplamente empregado com seus correspondentes nas outras línguas modernas) não traduz fielmente Πολιτεία [*Politeía*], que seria preferível traduzirmos por "A Constituição" (entendida como *forma de governo de um Estado soberano* e não a Lei Maior de um Estado). Há quem acene, a propósito, para o antigo subtítulo, que é *Da Justiça*. *A República* é a obra de Platão mais traduzida, mais difundida, mais estudada e mais influente, tendo se consagrado como um dos mais expressivos textos de filosofia de todos os tempos.

TIMEU: Sócrates, como de ordinário, instaura o diálogo dessa vez retomando a discussão sobre o Estado ideal (assunto de *A República*), mas graças a Timeu o diálogo envereda para a busca da origem, da geração do universo (κοσμογονία [*kosmogonía*]). Nesse diálogo, Platão apresenta sua concepção da Divindade, o δημιουργός [*demioyrgós*]. Embora Timeu (que empresta o seu nome ao diálogo) pareça oriundo do sul da Itália, há quem o considere um personagem fictício. De qualquer modo, ele representa a contribuição da geometria à teoria cosmogônica de Platão. A maioria dos helenistas situa o *Timeu* no período final e de maior maturidade filosófica de Platão (e, portanto, depois da morte de Sócrates, embora – como ocorre em vários outros diálogos – Sócrates continue como figura principal do diálogo); a minoria o julga produção do *período médio*, seguindo de perto *A República*.

TEETETO: Aborda específica e amplamente a teoria do conhecimento (epistemologia) a partir da indagação: "O que é o conhecimento?". Há fortes indícios de que Platão contava aproximadamente 60 anos quando escreveu esse diálogo (bem depois da morte de Sócrates) em homenagem ao seu homônimo, Teeteto, conceituado matemático que morrera recentemente (369 a.C.) prestando serviço militar. Teeteto frequentara a Academia por muitos anos.

FÉDON: Conhecido pelos antigos igualmente por *Da Alma*, está entre os mais belos e comoventes diálogos, pois relata as últimas horas de Sócrates e sua morte pela cicuta. O narrador é Fédon, que esteve com Sócrates em seus momentos derradeiros. De modo escorreito e fluente, como que determinado pelas palavras do condenado e seu comportamento ante a morte iminente, o diálogo aborda a morte e converge para a questão da imortalidade da alma, a qual é resolvida pela doutrina de sua transmigração ao longo de existências em diferentes corpos. A presença do pensamento pitagórico é flagrante, e Platão alterna sua teoria psicológica (ou seja, da alma) com a doutrina da metempsicose exposta sob a forma do mito no final do diálogo.

AS LEIS: Diálogo inacabado. Sócrates não está presente neste, que é o mais extenso e mais abrangente (do ponto de vista da temática) dos diálogos. Seu personagem central não possui sequer um nome, sendo chamado simplesmente de O Ateniense; seus interlocutores (Clínias de Creta e Megilo de Lacedemônia) são com grande probabilidade figuras fictícias, o que se coaduna, a propósito, com a inexpressiva contribuição filosófica que emprestam ao diálogo, atuando – salvo raras ocasiões, nas quais, inclusive, contestam as afirmações do Ateniense – somente como anteparo dialético para ricochete das opiniões do Ateniense. *As Leis* (Νόμοι [*Nómoi*]) cobrem, semelhantemente à *A República*, uma ampla gama de temas, que revisitam *A República* e apresentam uma nova concepção do Estado, tendo dessa vez como fecho um elenco de admoestações ou advertências para a conduta dos cidadãos e, principalmente, a extensa promulgação de leis a serem aplicadas no seio da πόλις [*pólis*]. Como o conceito νόμοι é bem mais lato do que nosso conceito de leis, e mesmo do que o conceito *lex* romano, a discussão desencadeada pelo Ateniense, como demonstra a variedade de itens correlacionados do diálogo, adentra as áreas da psicologia, da gnosiologia, da ética, da política, da ontologia e até das disciplinas tidas por nós como não filosóficas, como a astronomia e as matemáticas, não se restringindo ao domínio daquilo que entendemos como legal e jurídico (lei e direito). Destituído da beleza e elegância de tantos outros diálogos, *As Leis* (o último diálogo de autoria indiscutível de Platão) se impõe pelo seu vigor filosófico e por ser a expressão cumulativa e acabada do pensamento maximamente amadurecido do velho Platão.

APOLOGIA: É o único monólogo de Platão, exceto pelas respostas sumárias de Meleto; retrata o discurso de defesa de Sócrates na corte de Atenas perante um júri de 501 atenienses no ano de 399 a.C., quando ele contava com 70 anos. Sócrates fora acusado e indiciado (ação pública) pelos crimes de sedução da juventude e de impiedade, o mais grave de todos, pois consistia na descrença nos deuses do Estado. A *Apologia* é uma peça magna em matéria de estilo e teor, e certamente um dos escritos mais profundos e significativos já produzidos em toda a história da humanidade. Sócrates não retira uma única vírgula de suas concepções filosóficas que norteavam sua conduta como ser humano e cidadão de Atenas. Leva a coragem de expor e impor as próprias ideias às raias da plena coerência, pouco se importando com o que pensam os detentores do poder – mesmo porque já sabe que seu destino está selado. Sereno e equilibrado, respeita a corte, o Estado e aqueles que o condenam. Deixa claro que, longe de desrespeitar os deuses (a começar por Zeus e Apolo), sempre orientou seus passos pelo oráculo de Delfos e segundo a inspiração de seu δαίμων [*daímon*]. Seu discurso é prenhe de persuasão e capaz de enternecer até corações graníticos e impressionar cérebros geniais, mas não profere uma única sílaba a seu favor para escapar à morte, embora mencione o exílio, opção que descarta, e sugira o recurso de pagar uma multa, a ser paga majoritariamente por alguns de seus discípulos ricos, especialmente Platão. Para ele, nenhum cidadão está acima da lei, e esta tem de ser cumprida, mesmo que seja injusta. É impróprio, na verdade, entendermos sua defesa no sentido corrente da palavra, a acepção sofista e advocatícia: *ele não defende sua pessoa, sua integridade física, defende sim seu ideário*, que em rigor era seu único patrimônio, pois nada possuía em ouro e prata. Não teme o sofrimento, o exílio ou a morte – o que o repugna e lhe é incogitável é a abdicação do seu pensar e dos atos que consubstanciaram sua vida. Não alimenta a menor dúvida de que mais vale morrer com honra do que viver na desonra. Para ele, sua morte era a solução irreversível e natural de sua obra e dos fatos de sua vida. Se algum dia um homem soube com precisão como viver e quando morrer, esse homem foi Sócrates de Atenas!

Os 16 diálogos que se seguem são considerados por *alguns* helenistas e historiadores da filosofia como de autoria duvidosa ou apócrifos.

SOFISTA: Fazendo jus ao título, Sócrates principia a temática do diálogo indagando acerca dos conceitos de sofista, homem político e filósofo. Participam, entre outros, o geômetra Teodoro, Teeteto e um filósofo proveniente de Eleia, cidade natal de Parmênides e seu discípulo Zenão. A investigação inicial conduz os interlocutores à questão do *não-ser*, circunscrevendo o diálogo a essa questão ontológica fundamental, que constitui precisamente o objeto essencial da filosofia do pré-socrático *Parmênides*. O *Sofista* surge como uma continuação do *Teeteto*, mas pelo seu teor está vinculado mais intimamente ao *Parmênides*.

PARMÊNIDES: Curiosamente, nesse diálogo, Platão coloca como figura central o filósofo Parmênides e não Sócrates, embora o encontro seja provavelmente fictício e se trate de um diálogo narrado por Céfalo. Como seria de esperar, o objeto capital é de caráter ontológico, girando em torno das questões da natureza da realidade: se esta é múltipla ou una etc. A *teoria das Formas* é aqui introduzida, a saber, a realidade consiste em Formas (Ideias) que não são nem materiais, nem perceptíveis, das quais as coisas materiais e perceptíveis participam. O *Parmênides* se liga pela sua temática mais estreitamente ao *Filebo*, ao *Político* e ao *Sofista*.

CRÁTILO: O assunto aqui ventilado é o princípio sobre o qual está fundada a correção do nome (ὄνομα [*ónoma*], por extensão signo que abriga o conceito). O que legitima o nome? Segundo Hermógenes, os nomes nada têm a ver, no que concerne à origem, com as coisas nomeadas que representam: são estabelecidos por convenção. Crátilo, ao contrário, afirma que o nome é por natureza, isto é, a etimologia de um nome pode nos conduzir a uma descrição disfarçada que revela corretamente a natureza daquilo que é nomeado, sendo este o princípio da nomenclatura. Sócrates contesta ambas as teorias, realizando a crítica da linguagem mesma, propondo que busquemos por trás das palavras a natureza imutável e permanente das coisas como são em si mesmas, o que vale dizer que as palavras não nos capacitam a ter acesso ao mundo inteligível das Formas puras e, muito menos, revelam-no a nós.

FILEBO: O objeto de discussão é bastante explícito, ou seja, o que é o *bem* e como pode o ser humano viver a melhor (mais excelente, mais virtuosa) vida possível. Filebo, que identifica o bem com o prazer, apresenta-se como um belo jovem (não há registro histórico algum dessa pessoa, o que nos leva a crer que se trata de um personagem fictício de Platão). Analítica e etimologicamente, o nome significa *amigo* ou *amante da juventude*, o que nos conduz inevitavelmente à predileção de Sócrates por homens jovens e atraentes no seu círculo. Os helenistas, em geral, concordam que o *Filebo* foi produzido depois do *Fédon*, do *Fedro*, de *A República*, do *Parmênides* e do *Teeteto*, na última fase da vida de Platão e, portanto, em data muito posterior à morte de Sócrates. O *Filebo* é, sem sombra de dúvidas, um dos mais significativos e importantes diálogos de Platão, pela sua maturidade filosófica, clareza e porque o conceito nevrálgico da ética (o bem) é focalizado com insistência em conexão com a metafísica. O encaminhamento da discussão, especialmente no que tange à metafísica, aproxima o *Filebo* do *Sofista* e do *Político*.

CRÍTON: O objeto de discussão desse diálogo envolve o julgamento e a morte de Sócrates e situa-se no período de um mês (trinta dias) entre esses dois eventos, quando Críton (poderoso e influente cidadão ateniense, além de amigo pessoal de Sócrates) o visita na prisão e tenta, pela última vez (em vão), convencê-lo a assentir com um plano urdido por seus amigos (incluindo o suborno dos carcereiros) para sua fuga e seu deslocamento a um lugar em que ficasse a salvo do alcance da lei de Atenas. O diálogo assume agilmente o calor de um debate ético em torno da justiça (δίκη [*díke*]), insinuando-nos nas entrelinhas, um problema crônico da sociedade que agita e intriga os juristas até os nossos dias: está claro que a aplicação da lei colima a justiça, mas, na prática, com que frequência consegue atingi-la? Pensando em seu próprio caso, Sócrates, que insistia que até a lei injusta devia ser respeitada (o que era exatamente o que fazia naqueles instantes ao opor-se ao plano de fuga e ao suborno), faz-nos ponderar que a lei pode ser mesmo um instrumento de morte em nome da busca da justiça, mas onde está a sabedoria dos homens para utilizá-la? Até que ponto será a lei na prática (e absurdamente) um instrumento da injustiça? Por outro lado, a contínua reprovação que Sócrates votava aos sofistas, nesse caudal de raciocínio, não era gratuita. Para ele, esses habilíssimos retóricos defendiam à revelia da verdade e da justiça homens indiciados que podiam pagar por isso. Contribuíam o dinheiro e o poder para que a lei atingisse sua meta, a justiça? Ou seria o contrário? Haveria nisso, inclusive, uma crítica tácita ao próprio Críton. E afinal, o que é a justiça? Se a lei era para os atenienses um instrumento real e concreto, que permitia a aplicação via de regra sumária da justiça, esta não passava de um conceito discutível, embora fosse uma das virtudes capitais, aliás só superada pela sabedoria (φρόνησις [*phrónesis*], σοφία [*sophía*]).

CRÍTIAS: Diálogo inacabado no qual Platão, tendo Sócrates como o usual veiculador de suas ideias, põe, contudo, na boca de Crítias, a narração do mito de origem egípcia da Atlântida, civilização que teria existido em uma ilha do Atlântico, próxima à entrada do mar Mediterrâneo, há nove milênios da Atenas atual. Segundo Crítias, a Atenas de então guerreara contra esse povo de conquistadores, que acabara por perecer, pois um terremoto (maremoto?) fizera com que toda a ilha fosse tragada pelo oceano, causando, também, a morte de todos os guerreiros gregos daquela era. Ora, essa Atenas remota possuiria uma forma de governo que correspondia ao modelo de Estado apresentado em *A República*.

EUTÍFRON: O "tempo" desse breve diálogo é o curto período no qual Sócrates se prepara para defender-se, na corte de Atenas, das acusações de que fora alvo. O jovem Eutífron acabara de depor contra seu pai pela morte de um servo. O assassinato (mesmo de um servo) era um delito grave (como, aliás, Platão enfatiza em *As Leis*) que resultava em uma *mácula* (mãos sujas de sangue) que tinha de ser eliminada mediante ritos purificatórios. Tratava-se de um crime religioso, pois os maculados não purificados desagradavam aos deuses. Entretanto, a denúncia de um pai feita por um filho, embora justificável e permitida pelas leis democráticas de Atenas, era tida como "um ato pouco piedoso". Não é de surpreender, portanto, que esse diálogo verse sobre os conceitos de piedade (σέβας [*sébas*]) e impiedade (ἀσέβεια [*asébeia*], ἀσέβημα [*asébema*]), e que, por seu tema candente e visceral, aproxime-se da *Apologia*, do *Críton* e do *Fédon*.

POLÍTICO: Continuação do *Sofista*, esse diálogo procura traçar o perfil do homem político e indicar o conhecimento que tal indivíduo deveria possuir para exercer o bom e justo governo da πόλις [*pólis*], no interesse dos cidadãos. Essa descrição do perfil do estadista é mais negativa do que positiva, e Platão finda por retornar à figura do sofista.

CÁRMIDES: Um dos mais "éticos" diálogos de Platão, provavelmente pertencente à sua fase inicial, sob intensa influência do mestre Sócrates. É efetivamente um dos diálogos socráticos de Platão no qual as ideias do mestre se fundem às suas. O assunto é a σωφροσύνη [*sophrosýne*] (temperança, autocontrole, moderação). Cármides, tio materno de Platão, aqui aparece em sua adolescência (432 a.C.), antes de se tornar um dos 30 tiranos.

LAQUES: Também pertencente ao período inicial da investigação e vivência filosóficas sob Sócrates, no qual o corpo integral das ideias platônicas ainda não se consolidara e cristalizara, o *Laques* (nome de um jovem e destacado general ateniense que lutara na guerra do Peloponeso) é mais um diálogo ético que se ocupa de um tema específico: ἀνδρεία [*andreía*], coragem.

LÍSIS: Do mesmo período de *Cármides* e *Laques*, *Lísis* (nome de um atraente adolescente de ilustre família de Atenas) é outro diálogo "ético socrático", no qual se discute o conceito φιλία [*philía*] (amizade, amor.

Parte da teoria da amizade desenvolvida por Aristóteles, na *Ética a Eudemo* e *Ética a Nicômaco*, baseia-se nas luzes e conclusões surgidas no Lísis.

EUTIDEMO: Outro diálogo "socrático". A matéria abordada, sem clara especificidade, retoma a crítica aos sofistas. Eutidemo (figura de existência historicamente comprovada) e seu irmão, Dionisodoro, abandonam o aprendizado da oratória sofística e os estudos marciais para empreenderem a erística (ἔρις [*éris*]: disputa, combate, controvérsia). O cerne da discussão é a oratória ou retórica (ῥητορεία [*retoreía*]), porém, é realizado um esforço para distingui-la da erística. Aristóteles, no *Órganon*, preocupar-se-á com essa distinção (retórica/erística) ao investigar profundamente a estrutura do silogismo e do juízo, indicando os tipos do primeiro do ponto de vista da verdade ou falsidade lógicas: um desses tipos é o *sofisma*, um silogismo capciosamente falso.

MÊNON: Provavelmente produzido no período mediano da vida de Platão, o *Mênon* não é propriamente um diálogo "socrático", já revelando uma independência e substancialidade do pensamento platônico. Mênon é integrante de uma das mais influentes famílias aristocráticas da Tessália. O diálogo, inicialmente, não visa a elucidar um conceito ou o melhor conceito (empenho típico dos diálogos "socráticos"), mas sim a responder a uma questão particular formulada por Mênon como primeira frase do diálogo: "Podes dizer-me, Sócrates, se é possível ensinar a virtude?". E ele prossegue: "Ou não é ensinável, e sim resultado da prática, ou nem uma coisa nem outra, o ser humano a possuindo por natureza ou de alguma outra forma?". Contudo, reincorporando uma característica do diálogo socrático, a segunda parte do Mênon reinstaura a busca do conceito da ἀρετή [*areté*]. Para os sofistas, a ἀρετή é fruto de uma convenção (νόμος [*nómos*]) e, portanto, verbalmente comunicável e passível de ser ensinada.

HÍPIAS MENOR: Hípias é o grande sofista que, ao lado de Protágoras, Pródico e Isócrates, atuou como um dos pugnazes adversários de Sócrates e Platão no fecundo e excitante cenário intelectual de Atenas. Esse curtíssimo diálogo teria sido motivado por um inflamado discurso proferido por Hípias, tendo a obra do poeta Homero como objeto. Sócrates solicita a Hípias que explicite sua visão sobre Aquiles e Odisseu, segundo a qual o primeiro é "o mais nobre e o mais corajoso", enquanto o segundo é "astuto e mentiroso". O problema aqui introduzido, estritamente ético, concerne ao cometimento consciente e voluntário da ação incorreta por parte do indivíduo justo e o cometimento inconsciente (insciente) e involuntário da ação incorreta por parte do indivíduo injusto. Em *A República* e *As Leis,* a questão do erro voluntário com ciência e o erro involuntário por ignorância também é enfocada. Ocioso dizer que se esbarra, implicitamente, na posição maniqueísta: é Aquiles absoluta, necessária e perenemente corajoso, probo e verdadeiro e Odisseu absoluta, necessária e perenemente velhaco e mentiroso?

ION: Este é um talentoso rapsodo profissional especializado nos poemas de Homero (não se sabe se figura real ou fictícia engendrada por Platão). O problema que Sócrates apresenta para Ion é: a poesia (ποίησις [*poiesis*]) é produto do conhecimento ou da inspiração dos deuses? Sócrates sugere que a arte do rapsodo, e mesmo a do poeta, é exclusivamente produto da inspiração divina, para elas não concorrendo nenhuma inteligência e conhecimento humanos. Platão também toca nesse tópico em *A República* e no *Fedro.*

MENEXENO: No menos filosófico dos diálogos, Sócrates se limita a executar um elogio à morte em campo de batalha, brindando Menexeno (nome de um insinuante membro do círculo socrático) com uma oração fúnebre que ele (Sócrates) diz ser da autoria de Aspásia, a amante de Péricles. É certo esse atípico diálogo ter sido escrito antes da morte de Sócrates, bem como o *Lísis,* do qual o personagem Menexeno também participa. Salvo pelas considerações preliminares de Sócrates acerca do "estupendo destino" daquele que tomba em batalha, o *Menexeno* carece de profundidade e envergadura filosóficas – foi com bastante propriedade que Aristóteles o chamou simplesmente de *Oração Fúnebre.*

Os três diálogos subsequentes são tidos como apócrifos pela grande maioria dos helenistas e historiadores da filosofia.

ALCIBÍADES: O mais "socrático" dos diálogos aborda o fundamento da doutrina socrática do autoconhecimento e prové uma resposta ao problema gnosiológico, resposta que é: nenhum conhecimento é possível sem o conhecimento de si mesmo, e o conhecimento do eu possibilita e instaura o conhecimento do não-eu, o mundo. Por isso, no diálogo, o conhecimento do eu é a meta perseguida pela maiêutica para fazer vir à luz o conhecimento do mundo sensível. É improvável que Platão tenha sido o autor desse diálogo, mas se o foi, escreveu-o (paradoxal e intempestivamente) muito depois da morte de seu mestre, por rememoração, e bem próximo de sua própria morte. Por seu estilo direto e "menos literariamente colorido", suspeita-se, com maior probabilidade, que tenha sido escrito pouco depois da morte do mestre da Academia, por um de seus discípulos mais capazes, talvez o próprio Aristóteles, mesmo porque a visão gnosiológica de cunho "subjetivista" e "antropológico" de Sócrates, que emerge do *Alcibíades* (nome de um belo e ambicioso jovem do círculo socrático), guarda semelhança com as ideias do jovem Aristóteles.

HÍPIAS MAIOR: Confronto entre Sócrates e Hípias, o sofista, no qual o primeiro, sempre em busca da compreensão dos conceitos, interroga o segundo, nesse ensejo não a respeito de uma virtude, mas sim sobre o que é καλός [*kalós*], termo, como tantos outros, intraduzível para as línguas modernas, um tanto aproximativo do inglês *fine* (em oposição a *foul*). Em português, é linguisticamente impossível traduzi-lo, mesmo precariamente, por uma única palavra. Se conseguirmos abstrair uma fusão harmoniosa dos significados de belo, bom, nobre, admirável e toda a gama de adjetivos qualificativos correlatos que indicam excelência estética e ética, poderemos fazer uma pálida ideia do que seja καλός. Desnecessário comentar que, como de ordinário, um mergulho profundo nas águas da cultura dos gregos antigos aliado ao acurado estudo da língua constitui o único caminho seguro para o desvelamento de conceitos como καλός.

CLITOFON: Esse brevíssimo apócrifo apresenta uma peculiaridade desconcertante no âmbito dos escritos platônicos. Nele, na busca da compreensão de em que consiste a ἀρετή [*areté*], virtude, particularmente a δίκη [*díke*], justiça, Sócrates não é o protagonista nem o costumeiro e seguro articulador das indagações que norteiam a discussão e conduzem, por meio da maiêutica associada à dialética, o interlocutor (ou interlocutores) à verdade latente que este(s) traz(em) à luz. Nesse curtíssimo e contundente diálogo, é Clitofon (simpatizante de Trasímaco, o pensador radical que aparece em *A República*) que "dá o tom da música", encaminha a discussão e enuncia a palavra final.

Finalmente, a maioria dos estudiosos, helenistas e historiadores da filosofia tende a concordar que as seguintes 14 obras não são decididamente da lavra de Platão, mas sim, via de regra, de seus discípulos diretos ou indiretos, constituindo o movimento filosófico que nos seria lícito chamar de *platonismo nascente,* pois, se tais trabalhos não foram escritos por Platão, é certo que as ideias neles contidas e debatidas não saem da esfera do pensamento platônico. Dos discípulos conhecidos de Platão, somente o estagirita Aristóteles foi capaz de criar um corpo íntegro e sólido de teorias originais.

SEGUNDO ALCIBÍADES: A questão da γνῶσις [*gnôsis*], conhecimento, volta à baila, mas nessa oportunidade Sócrates especializa a discussão, detendo-se no objeto, no valor e nas formas do conhecimento. Uma questão paralela e coadjuvante também é tratada (já largamente abordada e desenvolvida em *As Leis,* em que o mesmo ponto de vista fora formulado): como nos dirigir aos deuses? Como no problema do conhecimento (em relação ao qual o único conhecimento efetivamente valioso, além do conhecimento do eu, é o conhecimento do bem), Sócrates se mostra restritivo: não convém agradar aos deuses com dádivas e sacrifícios dispendiosos, visto que os deuses têm em maior apreço as virtudes da alma, não devendo ser adulados e subornados. Nossas súplicas não devem visar a vantagens e a coisas particulares, mas simplesmente ao nosso bem, pois é possível que nos enganemos quanto aos bens particulares que julgamos proveitosos para nós, o que os deuses, entretanto, não ignoram.

HIPARCO: Diálogo breve, com um só interlocutor anônimo, no qual se busca o melhor conceito de cobiça ou avidez. O nome Hiparco é tomado de um governante de Atenas do final do século VI a.C., alvo da admiração de Sócrates.

AMANTES RIVAIS: A meta desse brevíssimo diálogo, com um título que dificilmente teria agradado a Platão, é estabelecer a distinção entre o conhecimento geral e a filosofia, envolvendo também a questão da autoridade. O título é compreensível, pois o diálogo encerra realmente a história da rivalidade de dois amantes.

TEAGES: Nome de um dos jovens do círculo de Sócrates, que, devido a sua saúde precária, teria morrido antes do próprio Sócrates. O diálogo começa com o pai do rapaz, Demódoco, pedindo orientação a Sócrates a respeito do desejo e ambição do filho: tornar-se sábio para concretizar sonhos de vida política. Esse pequeno diálogo realça, sobremaneira, aquilo que Sócrates (segundo Platão) chamaria na *Apologia* de "voz de seu *daímon* (δαίμων)" e o fascínio que Sócrates exercia sobre seus discípulos jovens.

MINOS: Provavelmente escrito pelo mesmo discípulo autor de *Hiparco, Minos* (nome de grande rei, legislador de Creta e um dos juízes dos mortos no Hades) busca o conceito mais excelente para νόμος (lei). É muito provável que esse diálogo tenha sido elaborado após a morte de Platão e, portanto, após *As Leis* (última obra do próprio Platão); todavia, em uma visível tentativa de integrar esse pequeno diálogo ao pensamento vivo do mestre, exposto definitiva e cristalizadamente em *As Leis*, o fiel discípulo de Platão compôs *Minos* como uma espécie de proêmio ao longo diálogo *As Leis*. Sócrates, mais uma vez, é apresentado às voltas com um único interlocutor anônimo, que é chamado de *discípulo*.

EPINOMIS: Como o título indica explicitamente (ἐπινομίς [*epinomís*]), é um apêndice ao infindo *As Leis*, de presumível autoria de Filipe de Oponto (que teria igualmente transcrito o texto de *As Leis*, possivelmente a partir de tabletes de cera, nos quais Platão o deixara ao morrer).

DEFINIÇÕES: Trata-se de um glossário filosófico com 184 termos, apresentando definições sumárias que cobrem os quatro ramos filosóficos reconhecidos oficialmente pela Academia platônica e a escola estoica, a saber, a *física* (filosofia da natureza), a *ética*, a *epistemologia* e a *linguística*. É possível que esse modestíssimo dicionário não passe de uma drástica seleção da totalidade das expressões e definições formuladas e ventiladas na Academia, em meados do século IV a.C. Com certeza, uma grande quantidade de expressões, mesmo nos circunscrevendo à terminologia platônica, não consta aqui, especialmente nas áreas extraoficiais pertencentes a disciplinas como a *ontologia* (ou *metafísica*), a *psicologia*, a *estética* e a *política*. Embora alguns sábios antigos atribuam *Definições* a Espeusipo, discípulo, sobrinho e sucessor de Platão na direção da Academia, tudo indica que temos diante de nós um trabalho conjunto dos membros da Academia.

DA JUSTIÇA: Brevíssimo diálogo em que Sócrates discute, com um interlocutor anônimo, questões esparsas sobre a δίκη [*díke*], justiça.

DA VIRTUDE: Análogo nas dimensões e no estilo ao *Da Justiça*, esse pequeno texto retoma o tema do *Mênon* (pode a virtude ser ensinada?) sem, contudo, trazer nenhuma contribuição substancial ao *Mênon*, do qual faz evidentes transcrições, além de fazê-las também de outros diálogos de Platão.

DEMÓDOCO: É outro produto do platonismo nascente. *Demódoco* (nome de um homem ilustre, pai de Teages) é constituído por um monólogo e três pequenos diálogos que tratam respectivamente da deliberação coletiva (refutada por Sócrates) e de alguns elementos do senso comum.

SÍSIFO: O tema, na mesma trilha daquele de *Demódoco*, gira em torno da tomada de decisão na atividade política. A tese de Sócrates é que "se a investigação pressupõe ignorância, a deliberação pressupõe saber".

HÁLCION: Para ilustrar a inconcebível superioridade do poder divino (cujos limites desconhecemos) sobre o poder humano, Sócrates narra ao seu amigo Querefonte a lenda de Hálcion, figura feminina que foi metamorfoseada em ave marinha para facilitar a procura do seu amado marido. Certamente o menor, porém, o mais bem elaborado dos diálogos do segundo advento do platonismo (provavelmente escrito entre 150 a.C. e 50 d.C., embora muitos estudiosos prefiram situá-lo no século II d.C. atribuindo sua autoria ao prolífico autor e orador Luciano de Samosata. Aliás, a prática editorial moderna e contemporânea generalizada [que é já a adotada por Stephanus no século XVI] é não fazer constar o *Hálcion* nas obras completas de Platão; os editores que publicam Luciano incluem o *Hálcion* normalmente nas obras completas deste último).

ERIXIAS: O assunto que abre o diálogo é a relação entre a riqueza (πλοῦτος [*ploŷtos*]) e a virtude (ἀρετή [*areté*]) e se concentra em uma crítica ao dinheiro (ouro e/ou prata) por parte de Sócrates. Na defesa da riqueza material, Erixias não consegue elevar seus argumentos acima do senso comum, mas uma discussão simultânea é desenvolvida, indagando sobre a diferença entre os sólidos e sérios argumentos filosóficos e os folguedos intelectuais. O tema da relação πλοῦτος/ἀρετή fora já abordado com maior amplitude e profundidade em

As Leis, em que Platão, pela boca do ateniense, define quantitativamente o grau suportável de riqueza particular em ouro e prata que permita a um indivíduo ser a um tempo rico e virtuoso, sem tornar tais qualidades incompatíveis entre si e comprometer sua existência como cidadão na convivência com seus semelhantes no seio da πόλις (*pólis*), cidade. Essa questão aparece também no *Fedro* e no *Eutidemo*.

AXÍOCO: Nesse diálogo, Sócrates profere um discurso consolador visando à reabilitação psicológica possível de um homem no leito de morte, abalado com a perspectiva inevitável desta. O tema perspectiva da *morte* (θάνατος [*thánatos*]) é abordado diretamente na *Apologia* e no *Fédon*. O *Axíoco* data do período entre 100 a.C. e 50 d.C.

Edson Bini

CRONOLOGIA

Esta é uma cronologia parcial. Todas as datas são a.C., e a maioria é aproximativa. Os eventos de relevância artística (relacionados à escultura, ao teatro etc.) não constam nesta Cronologia. O texto em itálico destaca alguns eventos marcantes da história da filosofia grega.

    530 – *Pitágoras de Samos funda uma confraria místico-religiosa em Crotona.*

    500 – *Heráclito de Éfeso floresce na Ásia Menor.*

    490 – Os atenienses derrotam os persas em Maratona.

    481 – Lideradas por Esparta, as cidades-Estado gregas se unem para combater os persas.

    480 – Os gregos são duramente derrotados nas Termópilas pelos persas, e a acrópole é destruída.

    480 – Os gregos se sagram vencedores em Salamina e Artemísio.

    479 – Com a vitória dos gregos nas batalhas de Plateia e Micale, finda a guerra contra os persas.

    478-477 – Diante da nova ameaça persa, Atenas dirige uma nova confederação dos Estados gregos: a "Liga Délia".

469 ou 470 – *Nascimento de Sócrates.*

    468 – A esquadra persa é derrotada.

    462 – *Chegada do pré-socrático Anaxágoras a Atenas.*

    462-461 – Péricles e Efialtes promovem a democracia em Atenas.

    460 – Nascimento de Hipócrates.

    457 – Atenas se apodera da Beócia.

456 – Finda a construção do templo de Zeus, em Olímpia.
454-453 – O poder de Atenas aumenta grandemente em relação aos demais Estados gregos.
447 – Início da construção do Partenon.
445 – Celebrada a Declaração da "Paz dos Trinta" entre Atenas e Esparta.
444 – *O sofista Protágoras produz uma legislação para a nova colônia de Túrio.*
431 – Inicia-se a Guerra do Peloponeso entre Atenas e Esparta.
429 – Morte de Péricles.
427 – *Nascimento de Platão em Atenas.*
424 – Tucídides, o historiador, é nomeado general de Atenas.
422 – Os atenienses são derrotados em Anfípolis, na Trácia.
421 – Celebrada a paz entre Atenas e Esparta.
419 – Atenas reinicia guerra contra Esparta.
418 – Os atenienses são vencidos pelos espartanos na batalha de Mantineia.
413 – Os atenienses são derrotados na batalha naval de Siracusa.
405 – Nova derrota dos atenienses em Egospótamos, na Trácia.
404 – Rendição de Atenas à Esparta.
401 – Xenofonte comanda a retirada de Cunaxa.
399 – *Morte de Sócrates.*
385 – *Criação da Escola de Platão, a Academia.*
384 – *Nascimento de Aristóteles em Estagira.*
382 – Após guerras intermitentes e esporádicas contra outros Estados gregos e os persas, de 404 a 371, Esparta se apossa da cidadela de Tebas.
378 – É celebrada a aliança entre Tebas e Esparta.
367 – *Chegada a Atenas de Aristóteles de Estagira.*
359 – Ascensão de Filipe II ao trono da Macedônia e início de suas guerras de conquista e expansão.

351 – Demóstenes adverte os atenienses a respeito do perigo representado por Filipe da Macedônia.

347 – *Morte de Platão.*

343 – Aristóteles se torna preceptor de Alexandre.

338 – Derrota de Atenas e seus aliados por Filipe da Macedônia em Queroneia. Os Estados gregos perdem seu poder e a conquista da Grécia é efetivada.

336 – Morte de Filipe II e ascensão de Alexandre ao trono da Macedônia.

335 – *Aristóteles funda sua Escola em Atenas, no Liceu.*

334 – Alexandre move a guerra contra a Pérsia e vence a batalha de Granico.

331 – Nova vitória de Alexandre em Arbela.

330 – As forças persas são duramente derrotadas em Persépolis por Alexandre, dando fim à expedição contra a Pérsia.

323 – Morte de Alexandre na Babilônia.

CARTAS

I
Platão a Dionísio: Sucesso![1]

309a   Depois de haver consumido tanto tempo convosco e ter sido, acima de todos os demais, objeto de tua confiança na minha administração de vosso governo, ficastes com os benefícios, ao passo que eu com as calúnias, por penosas que fossem, porque sabia que ninguém consideraria que vossos atos mais brutais tinham sido perpetrados contando com meu
b assentimento; de fato, são minhas testemunhas disso todos aqueles que participam de vosso governo, muitos dos quais, pessoalmente, defendi em seus julgamentos, salvando-os de danos que não seriam pequenos. Entretanto, depois de haver eu reiteradas vezes protegido vossa cidade na qualidade de senhor absoluto, fui demitido mais desonrosamente do que o mereceria um mendigo que houvesse estado convosco por idêntico período de tempo, e que mandásseis embora, ordenando-lhe que partisse.

    De minha parte, portanto, no futuro deliberarei sobre meus próprios interesses de maneira mais distanciada dos seres humanos, enquanto tu – tirano que és – viverás privado de amic gos.[2] No que se refere à magnífica soma em ouro que deste

---

1. ...εὖ πράττειν... (*eŷ práttein*): a expressão designa um desejo de que alguém *se saia bem, prospere,* mas apresenta um viés irônico e mesmo propositadamente ambíguo, já que significa igualmente *age bem, realiza bem.*
2. ...οἰκήσεις μόνος... (*oikéseis mónos*): literalmente *morarás sozinho.*

para minha viagem para casa, Baqueios, o portador desta carta, a entregará de volta a ti. De fato, não só não foi suficiente para cobrir minhas despesas de viagem, como não me foi útil para qualquer outra coisa; e como tal oferta é para ti grandemente vergonhosa, não o sendo menos para mim se a aceitasse, recuso-me a aceitá-la. Está claro que o dar ou o aceitar de tal soma são indiferentes para ti. Assim, pega-a de volta e com ela favorece algum outro amigo como a mim favoreceste; de minha parte, fartei-me de teus "favorecimentos". Na verdade, ocorre-me oportunamente citar um verso de Eurípides, de que algum dia, quando te veres atingido por outras dificuldades...

...*Suplicarás por tal colaborador ao teu lado*...[3]

E é meu desejo lembrar-te que, igualmente a maioria dos outros autores trágicos, quando mostram no palco um tirano sendo assassinado, representam-no emitindo um brado...

...*Privado de amigos, desgraçado de mim, [é assim que] morro*...[4]

Entretanto, nenhum deles jamais o retratou morrendo [lamentando a] falta de ouro. Também esse outro poema não parece equivocado a homens sensatos:

Não é ouro, ainda que reluzente e o mais raro na vida sem esperança dos mortais,

Nem diamante, nem leitos lavrados de prata o que parece brilhante aos olhos dos seres humanos,

Nem campos autossuficientes do amplo seio da terra carregados de colheitas,

Mas sim o pensamento aprovador de homens bons.[5]

Adeus, e que possas compreender a dimensão de tua perda comigo, de modo a comportar-te melhor em relação a outras pessoas.

---

3. Eurípides, fragm. 956 (Nauck).
4. 347 (Nauck).
5. 138 (Bergk).

II
Platão a Dionísio: Sucesso!⁶

Ouço de Arquedemos⁷ que pensas que não só eu, como também meus amigos deveríamos silenciar a teu respeito, abstendo-nos de fazer ou dizer qualquer coisa que te seja inconveniente, do que excetuas exclusivamente Dion. Ora, essa tua afirmação de que excetuas Dion significa que não tenho controle sobre meus amigos, pois exercesse eu esse controle sobre ti e Dion, e sobre os demais, sustento que seria muito melhor para nós, bem como para todos os outros gregos. Ora, como de fato são as coisas, toda minha grandeza consiste em fazer com que eu mesmo acate meus preceitos. Contudo, digo-o sem sugerir que haja algo de verdadeiro no que dizem Cratístolo e Polixeno,⁸ já que se comenta que um deles declara que, em Olímpia, ouviu muitos de meus companheiros falarem mal de ti. É provável que possua uma audição melhor do que a minha, pois nada ouvi nesse sentido. No futuro, penso que o que cabe a ti fazer sempre que alguém emitir esse tipo de declaração envolvendo qualquer um de nós, é escrever-me e indagar-me. Comunicar-te-ei sem qualquer hesitação ou constrangimento a verdade.

No que se refere à relação que entretemos tu e eu, a situação é a seguinte. Não há – estamos autorizados a dizer – um único grego que não nos conheça, e nosso relacionamento constitui assunto da conversação ordinária; e podes te assegurar que permanecerá sendo assunto da conversação ordinária também no futuro, pelo fato de que muitos terão ouvido falar desse relacionamento por conta de sua duração e de ser aberto ao público. E qual o sentido de dizer isso agora? Voltar-me-ei para o princípio e direi qual é. É natural que a sabedoria e o grande poder caminhem juntos, e estão sempre se perseguindo, buscando-se mutuamente e se unindo. Ademais, são um

---

6. Ver nota 1, Carta I.
7. Discípulo de Árquitas de Tarento, este um sábio pitagórico. Cf. Carta III, 319a, e Carta VII, 339a e 349d.
8. Sofista discípulo de Bríson de Megara. Cf. 314d (final) e Carta XIII, 360c. Nada se sabe sobre Cratístolo.

tema que as pessoas adoram abordar entre si em suas conversações privadas e ouvir nas composições poéticas. Por exemplo, quando as pessoas falam de Hierão[9] e de Pausânias, o lacedemônio,[10] experimentam prazer em evocar a conexão de Simônides[11] com eles e aquilo que ele fez e disse a eles; e costumam festejar conjuntamente Periandro de Corinto[12] e Tales de Mileto,[13] e Péricles[14] e Anaxágoras,[15] e também Cresos[16] e Sólon,[17] como sábios, com Ciro,[18] como soberano. Também os poetas seguem o exemplo delas, e associam Creonte com Tirésias,[19] Polieido com Minos,[20] Agamenon com Nestor,[21] Odisseu com Palamedes,[22] e se não me engano, nossos antigos ancestrais associaram Prometeu com Zeus.[23] Desses alguns – segundo os poetas – viviam em conflito mútuo, ao passo que outros nutriam amizade entre si; quanto a outros, ainda, num certo período foram amigos, em outro, inimigos, e de acordo em certas coisas, em desacordo em outras.

---

9. Tirano de Gela e Siracusa de 485 a 467 a.C.
10. General espartano que derrotou os persas na batalha de Plateia em 479 a.C.
11. Simônides de Ceos (556-468 a.C.), poeta lírico, elegíaco, de epigramas e de hinos.
12. Tirano de Corinto.
13. Um dos sete sábios da Grécia antiga, filósofo da natureza e poeta jônico que floresceu no século VI a.C.
14. Péricles de Atenas (*c.* 495-429 a.C.), homem de Estado.
15. Anaxágoras de Clazomena, filósofo pré-socrático e da natureza.
16. Rei da Lídia.
17. Poeta e legislador de Atenas.
18. Rei da Pérsia.
19. Figuras míticas presentes nas tragédias de Sófocles: Creonte, regente de Tebas; Tirésias, vidente tebano.
20. Figuras presentes em Eurípides: Polieido, vidente; Minos, rei de Creta.
21. Figuras míticas presentes na epopeia de Homero (*Ilíada*): Agamenon, rei de Micenas e comandante do exército grego na Guerra de Troia; Nestor, conselheiro do exército grego.
22. Guerreiros e heróis míticos gregos presentes na epopeia de Homero (*Ilíada*): Odisseu e Palamedes se tornaram inimigos durante a Guerra de Troia.
23. Figuras exponenciais da mitologia grega: Prometeu, o titã que teria criado o ser humano; Zeus, o principal deus olímpico. A rivalidade e a inimizade entre ambos aparecem em vários episódios míticos.

c   Ora, o meu propósito ao dizer isso, é mostrar que, quando morrermos, as conversações sobre nós não cessarão, de modo que devemos ter cuidado em relação a isso. É necessário, pelo que parece, que nos preocupemos inclusive com o futuro, ao constatar que por, força da natureza, os homens mais servis não se importam com ele, ao passo que os mais moderados homens tudo fazem em seu poder para garantir que, nos tempos vindouros, fale-se bem deles. Ora, isso para mim constitui uma evidência de que os mortos têm alguma percepção do que acontece aqui, já que as melhores almas o predizem, en-
d   quanto as piores o negam; e as predições de *homens divinos*[24] merecem maior crédito do que as daqueles que não o são.

Estou certo de que se esses homens mencionados por mim pudessem corrigir o que houve de errado em seus relacionamentos, teriam se esforçado maximamente para assegurar uma melhor reputação do que aquela de que são objetos atualmente. Em nosso caso – se o deus o conceder – ainda é possível retificar tudo o que eventualmente esteve errado, ao longo de nosso relacionamento passado, por meio de palavras e de
e   ações. No que diz respeito à verdadeira filosofia, sustento que as pessoas pensarão e falarão de modo positivo e favorável, em relação a ela, se nós próprios formos nobres, mas o contrário se formos vis. Na verdade, nada haveria de mais piedoso do que darmos atenção a esse assunto... nada mais ímpio do que negligenciá-lo.

Como o fazermos e qual o justo caminho a seguir é o que me disponho a explicar agora. Cheguei à Sicília com a reputação de ser, com larga vantagem, aquele que mais se destacava entre os que se ocupavam de filosofia; era meu desejo,
312a ao chegar em Siracusa, granjear teu testemunho, de maneira que me possibilitasse conseguir que a filosofia fosse honrada até pela multidão.[25] Nisso, entretanto, houve para mim

---

24. ...θείων ἀνδρῶν... (*theíon andrôn*), ou seja, os *homens* que predizem, que têm o dom da profecia, possuem, embora não sejam deuses, um caráter divino, uma vez que estão estreitamente associados aos deuses, para os quais atuam como instrumentos ou veículos e dos quais receberam esse dom ou dádiva.

25. Proposta francamente não platônica ou mesmo antiplatônica, que afasta a ideia da possibilidade desta Carta ser de fato da autoria de Platão.

desapontamento. Contudo, a causa que indico para esse insucesso não é a comumente indicada; antes, foi porque demonstraste não ter plena confiança em mim, preferindo de algum modo livrar-se de mim e convocando outros para substituir-me; e, segundo creio, devido à tua desconfiança em relação a mim, te mostraste inquisitivo quanto às minhas intenções. Por isso foi proclamado por muitos que votavas completo desprezo por mim e que estavas interessado em outros assuntos.

b Essa foi a história afirmada e propagada.

Agora direi o que é correto fazer diante disso, o que constituirá, inclusive, a resposta à tua pergunta de como tu e eu devemos nos conduzir um em relação ao outro. Se experimentas completo desprezo pela filosofia, deixa-a de lado. Se, ao contrário, graças ao ensinamento de outros, ou em função de teus próprios estudos, descobriste doutrinas melhores do que as minhas, confere a elas teu devotamento.[26] Entretanto, se estás satisfeito com minhas doutrinas, deves conceder devotamento também a elas e a mim em particular. Assim agora, como no começo, se mostras o caminho, eu te seguirei. Se me
c honras, honrarei a ti; mas se não me honras, manter-me-ei em silêncio. E que se acresça que, se tomares a iniciativa quanto a honrar-me, granjearás a reputação de estares honrando a filosofia; e o próprio fato de haveres também estudado outras filosofias atrairá para ti, da parte de muitas pessoas, o crédito de que tu próprio és um filósofo. Contudo, se eu honro a ti e tu não me honras, serei reputado como um homem que se deslumbra com a riqueza e a busca, conduta a que todos, como sabemos, atribuem má reputação. Em síntese, se me honras será conveniente para nós dois, mas se sou eu que te honro,
d isso atrairá reprovação para ambos. E basta desse assunto.

Quanto ao globo,[27] não está correto e Arquedemos o explicará a ti quando chegar. Há, adicionalmente, uma outra ma-

---

26. Cf. Carta VII, 345b e 345c-350c.
27. ...σφαιρίον... (*sphairíon*): provavelmente o autor se refere a um globo terrestre, empregado para o ensino de geografia, ou mesmo a um planetário, empregado para o ensino de astronomia.

téria, esta de maior peso e *maior sublimidade,*²⁸ sobre a qual ele, evidentemente, deve dar-te esclarecimento, uma vez que enfrentavas dificuldades relativamente a ela quando o enviaste. De acordo com o relato dele, dizes que não contaste com uma suficiente explicação no que toca à doutrina relativa à *natureza do primeiro.*²⁹ Isso me obriga agora a expô-la a ti mediante enigmas, para que, caso ocorra alguma coisa com essa placa "nos recessos do mar ou da terra", o seu leitor possa não compreender o significado [do que nela está escrito].

e   A matéria é a seguinte: todas as coisas estão relacionadas ao *rei do todo,*³⁰ todas são em função dele, sendo ele a causa de todas as coisas admiráveis. Coisas segundas estão relacionadas ao *segundo,*³¹ ao passo que relacionadas ao *terceiro*³² as terceiras. A alma humana, então, empenha-se em aprender acerca dessas coisas, buscando aquelas que lhe são aparentadas, embora nenhuma delas seja plenamente conveniente. Contudo, no que se refere ao *rei* e aos objetos indicados por mim, sua qualidade é completamente distinta. Na imediata sequência a alma pergunta: Qual então é a qualidade deles? A causa, entretanto, de todo o mal, ó filho de Dionísio e Dóris, reside nessa própria pergunta, ou melhor, nas dores de parto geradas por ela na alma, do que a pessoa tem que se livrar, caso contrário jamais atingirá realmente a verdade.

313a

Todavia, tu mesmo, sob os loureiros de teu jardim disseste-me que havias concebido essa ideia pessoalmente e que se tratava de descoberta tua, ao que respondi que se isso era para ti evidente, poupavas-me de um extenso discurso. Declarei, porém, que jamais topara com qualquer outra pessoa que realizara tal descoberta e que, pelo contrário, a maior parte de minha dificuldade se relacionava a essa mesma questão. Talvez tenhas ouvido a solução de uma outra pessoa ou, pos-

---

28. ...θειότερον... (*theióteron*), literalmente *mais divina.*
29. ...πρώτου φύσεως... (*prótoy phýseos*).
30. ...πάντων βασιλέα... (*pánton basiléa*).
31. ...δεύτερον... (*deýteron*).
32. ...τρίτον... (*tríton*).

sivelmente, favorecido pelos deuses, hajas tu mesmo topado com ela, mas então, imaginando estar de posse das provas, negligenciaste quanto a fixá-las com segurança. Consequentemente, tua visão oscila ora para um lado, ora para outro em torno de algum objeto que imaginas, enquanto o objeto real é
c completamente diferente. E isso não ocorre só contigo. Pelo contrário, posso assegurar-te que nunca houve alguém, ao ouvir essa doutrina pela primeira vez, que não experimentasse o mesmo no início; e todos o superam com dificuldade, a qual é variável de um indivíduo para outro, mas quase ninguém vence essa situação com pouco esforço.

Portanto, considerando essa ocorrência e a conjuntura em que estão as coisas, julgo que encontramos uma resposta para a questão de como devemos nos conduzir um em relação ao outro. De fato, constatando que submetes minhas doutrinas à prova, quer assistindo às palestras de outros mestres e examinando meus ensinamentos pelo confronto com os deles, quer
d pelo exame de meus próprios ensinamentos, se o teste utilizado for verdadeiro, não só esses ensinamentos deitarão raízes agora, como tu te apegarás tanto a eles quanto a mim.

Ora, como realizar isso e tudo o mais que mencionei? Agiste, nesse momento, corretamente enviando Arquedemos. Age de idêntica maneira no futuro, pois quando ele alcançar-te e comunicar minhas respostas, provavelmente venhas a te encontrar mais tarde com novas dificuldades. Então, se fores acertadamente aconselhado, enviarás Arquedemos de volta a mim, regressando ele a ti, em seguida, com sua carga.
e Depois de fazeres isso duas ou três vezes e submeteres cabalmente à prova as doutrinas que te envio, ficarei surpreso se tuas dificuldades do momento não surgirem sob uma luz inteiramente nova. Portanto, age confiantemente dessa forma, pois não há mercadoria mais nobre e mais cara aos deuses que tu possas despachar ou Arquedemos transportar.

314a Cuida, contudo, para que essa correspondência não seja divulgada aos indivíduos não instruídos. De fato, creio que dificilmente haveria outras doutrinas que se afigurassem mais ridículas do que estas ao vulgo ou, em contrapartida, mais admiráveis e mais inspiradas ao indivíduo bem dotado. É ao serem expostas reiteradamente e ouvidas frequentemente, por muito tempo, que essas doutrinas são, como ouro, refinadas, mediante um trabalho prolongado. Todavia, escuta o mais surpreendente em relação a isso, ou seja, muitos indivíduos

b — indivíduos capazes de aprendizado e também de memorização e de avaliação dessas doutrinas, por meio de toda espécie de testes e que foram meus ouvintes por um tempo não inferior a trinta anos, e que são atualmente idosos — dizem hoje que as doutrinas, que julgaram no passado sumamente inacreditáveis parecem-lhes agora francamente acreditáveis, e que aquilo que julgavam no passado inteiramente acreditável, se lhes afigura agora o contrário. Assim, tendo isso em mente, acautela-te para que, no futuro, não te arrependas relativamente ao que tenha sido, no presente, indignamente tornado público. A melhor precaução a ser tomada quanto a

c isso é evitar o registro por escrito e aprender de cor, pois não há como impedir a divulgação daquilo que está escrito. Por causa disso, eu mesmo jamais *escrevi* acerca dessas matérias e não existe nem existirá tratado algum da autoria de Platão, aqueles que atualmente ostentam seu nome estando vinculados a um Sócrates tornado belo e jovem. Adeus, e atenta para essas minhas palavras; e agora, para começar, lê esta carta muitas vezes e, em seguida, queima-a.

E basta no que se refere a isso. Tu te surpreendeste por eu enviar-te Polixeno; entretanto, no que toca a ele como a

d Lícofron[33] e aos demais presentes junto a ti, repito agora o que sempre disse no passado, ou seja, que em dialética és sumamente superior a todos eles, tanto no que diz respeito à aptidão natural quanto ao que toca ao método de argumentação; sustento, além disso, que nenhum deles se deixa voluntariamente derrotar,[34] mas que são derrotados simplesmente

---

33. Um sofista contemporâneo de Platão.
34. O leitor deve ter em mente que Dionísio era um poderoso tirano de Siracusa, o que poderia levar aqueles bem acolhidos em sua corte a eventualmente facilitar

porque não podem evitá-lo. Contudo, pelo que parece, tu os tratas com máxima consideração e recompensa-os apropriadamente, mas basta a respeito desses homens... na verdade nos detemos até demais sobre eles!

Quanto a Filístion,[35] se lhe é útil, decididamente o mantém contigo; mas se não for, envia-o, se possível, a Espeusipo[36] e para casa. O próprio Espeusipo te suplica que o faças, e inclusive, Filístion me assegurou que, se tu o liberasse, ele ficaria satisfeito em vir para Atenas. Fico muito grato por teres libertado o homem da pedreira; e creio que não haverá dificuldade quanto a atender meu pedido envolvendo Hegesipo, o filho de Aríston,[37] e sua família, uma vez que declaraste em tua carta que se alguém, algum dia, tentasse prejudicá-lo ou prejudicá-los e viesses a sabê-lo, tu não o permitirias. E me cabe também dizer o que é verdadeiro a respeito de Lisíclede,[38] já que, de todos que vieram da Sicília para Atenas, ele é o único que não distorceu teu relacionamento comigo; pelo contrário, permanece se referindo positivamente aos acontecimentos passados e os interpretando da melhor maneira.

III
Platão a Dionísio: Saudações![39]

Se eu escrevesse assim, estaria recorrendo à maneira mais correta de cumprimentar? Ou seria preferível que escrevesse recorrendo, segundo meu costume, a "Sucesso!",[40] que cons-

---

as coisas para o tirano num debate, a ponto mesmo de se deixarem derrotar numa disputa dialética, precisamente a atitude que o autor aqui afirma que não é assumida da parte deles.

35. Médico presente na corte de Dionísio.
36. Sobrinho de Platão e seu sucessor na direção da Academia.
37. Não dispomos de dado histórico algum sobre essas pessoas. Aríston era um nome relativamente comum na Magna Grécia, sendo inclusive o nome do pai de Platão.
38. Historicamente desconhecido.
39. ...χαίρειν... (*khaírein*). O verbo χαίρω (*khaíro*) significa literalmente regozijar-se, rejubilar-se, experimentar alegria ou prazer.
40. ...εὖ πράττειν... (*eŷ práttein*): ver nota 1, Carta I.

titui o meu modo usual de cumprimento em minhas cartas dirigidas aos amigos? Na verdade, tu próprio, como declarado pelos espectadores presentes em embaixada em Delfos, te dirigiste ao próprio deus, por meio dessa expressão de lisonja, e escreveste, segundo eles, o seguinte:

Saudações a ti! E que mantenhas sempre a vida do tirano uma vida de prazer.

c   Quanto a mim, porém, não me dirigiria a um ser humano mediante essa expressão e exortação, e muito menos a um deus... a um deus, porque seria impor a ele algo contrário à natureza, visto que o divino situa-se muitíssimo além do prazer e da dor; a um ser humano, porque prazer e dor, na maioria das vezes, são geradores de danos, produzindo lentidão mental, esquecimento, loucura e desmedida na alma. Que sejam essas, então, minhas considerações relativas à forma de cumprimento; quando leres isso, acolhe-o no sentido que desejares.

Não são poucos os que declaram que comunicaste a alguns de teus embaixadores que, numa ocasião, quando te ouvi falar de teu propósito de colonizar as cidades gregas na Sicília e aliviar os siracusanos mudando o governo de uma tirania para uma monarquia, eu te dissuadi, segundo afirmas, de executar isso, embora estivesses ansioso para realizá-lo, ao passo que agora estou instruindo Dion[41] a fazer exatamente o mesmo, com o que estaríamos subtraindo de ti teu império, fazendo uso de teus próprios projetos. Se tiras qualquer vantagem desse tipo de discurso, quem melhor o sabe é tu próprio, mas ages injustamente comigo ao declarar o oposto do que realmente aconteceu. Já fui caluniado o suficiente por Filistides[42] e outros que me acusaram aos mercenários[43]

---

41. Cunhado do pai de Dionísio (homônimo deste, chamado de Dionísio, o Velho) e amigo chegado de Platão.
42. Possivelmente o mesmo Filisto, historiador siciliano exilado por Dionísio, o Velho, e que teve depois seu desterro anulado por Dionísio, o Jovem (o Dionísio ao qual o autor desta Carta se dirige) e seus direitos restaurados em Siracusa.
43. ...μισθοφόρους... (*misthophóroys*), em sentido genérico e lato *assalariados*, ou seja, todos aqueles que recebem um pagamento por seu trabalho ou atividade,

316a e à multidão de Siracusa, porque permaneci na acrópole; enquanto isso, toda vez que um erro era cometido, o povo externamente responsabilizava tão só a mim, alegando que me obedecias em tudo. E, no entanto, tu mesmo sabes com certeza que participei voluntariamente de tuas atividades políticas, em apenas algumas ocasiões no início, quando considerei que estava fazendo algo de benéfico; além de outras matérias de menor importância, dediquei uma considerável atenção aos prelúdios das leis, isto é, àquelas partes distintas daquilo que tu ou outra pessoa acrescentou, pois ouvi dizer que alguns de vós, mais tarde, os estiveram revisando; mas decerto as várias contribuições sobressairão ante os olhos daqueles capacitados para discernir meu estilo.[44]

b Bem, como eu o disse, o que preciso não é de mais uma calúnia contra mim, quer dirigida aos siracusanos, quer a quaisquer outros que possam ser persuadidos por tuas palavras; preciso sim é de uma defesa não só em relação às anteriores falsas acusações, como também em relação à acusação de maior violência e gravidade que atualmente é elaborada na sequência das outras. Considerando que a acusação de que sou objeto é dupla, é necessário que eu realize uma defesa dupla, primeiro declarando que, com razão, evitei participar de tuas atividades políticas e, segundo, que não fui eu que te aconselhei e barrei, como o disseste, no teu propósito de colonizar as cidades gregas. Portanto, começa por escutar a
c respeito da origem do primeiro desses itens.

Foi devido ao teu convite e ao de Dion que vim a Siracusa. Este último era, no que me tocava, um amigo confiável de meia idade e de caráter sólido com quem há muito eu entreti-

---

diferentemente, por exemplo, de um escravo ou mesmo de alguém que desincumbe um cargo público sem receber por isso. Aqui o sentido parece menos amplo, restringindo-se a *soldados*, isto é, indivíduos pagos (que recebem um *soldo*) para atuar como combatentes e inclusive comandantes, que é o sentido da palavra que atingiu a Idade Média e a Moderna. Entretanto, mesmo nesse sentido restrito, na Antiguidade essa palavra não tem necessariamente o peso pejorativo que adquiriu posteriormente.

44. ...ἐμὸν ἦθος δυναμένοις κρίνειν... (*emòn êthos dynaménois krínein*), que também pode significar: *capacitados a julgar do meu caráter*.

nha relações mútuas de hospitalidade, qualidades que, como o pode perceber qualquer um dotado de um mínimo entendimento, são particularmente necessárias àqueles que tencionam dar aconselhamento com relação a assuntos tão importantes quanto o eram os teus naquela ocasião. Quanto a ti, pelo contrário, eras extremamente jovem e, como eu não estava em absoluto familiarizado contigo, faltava-me totalmente experiência naquilo em que esta se impunha como necessária.

d Logo depois – [não sei] se um ser humano, deus ou o acaso ajudados por ti – expulsaram Dion e ficaste sozinho. Supões, então, que eu poderia participar de tuas atividades políticas diante da perda de meu sábio parceiro e a visão de um insensato que se imaginava ele próprio um governante, mas que era na realidade governado por uma multidão de pessoas inescrupulosas? Em tais condições, o que devia eu fazer? Não era necessário fazer o que fiz, ou seja, romper com a perspectiva da política, esquivar-me às calúnias produzidas pela maledicência e empenhar-me maximamente em reinstaurar, na medida do possível, a amizade entre tu [e Dion], a despeito dos desentendimentos que vos haviam levado à separação? Tu próprio és testemunha de que nunca deixei de agir com esse objetivo. E, embora com dificuldade, combinamos que eu devia embarcar de regresso para casa, visto que te ocupavas de uma guerra, e que conquistada a paz, eu e Dion deveríamos voltar a Siracusa, para o que tu nos convocarias. No que se refere a minha primeira viagem a Siracusa e ao meu seguro retorno para casa, esses foram os fatos sucedidos.

e

317a

Contudo, no que diz respeito à segunda ocasião, uma vez restaurada a paz, não foste fiel ao nosso acordo, na tua carta convocando somente a mim e informando que chamarias Dion mais tarde. Devido a isso me recusei a vir, com o que b descontentei Dion, que era da opinião de que seria melhor que viesse acatando a tua instrução. Um ano depois, uma trirreme[45] trouxe-me cartas de ti, que me comunicavam já nas

---

45. ...τριήρης... (*triéres*) era uma embarcação impelida por remos. A origem desse navio (geralmente de guerra) é incerta, a despeito de autores como Tucídides

suas primeiras palavras que, se eu viesse [a Siracusa], veria todos os negócios de Dion estabelecidos em conformidade com meus desejos, e que ocorreria o oposto se eu deixasse de vir. Fico constrangido em dizer quantas foram as cartas que, naquela ocasião, chegaram da Itália e da Sicília remetidas por ti e outros que escreviam em teu nome, e a quantos de meus familiares e conhecidos eram endereçadas, todos recomendando e insistindo nos termos mais incisivos: que eu depositasse em ti completa confiança. Todos, a começar por Dion, julgavam ser meu dever empreender essa viagem sem hesitação. Sempre apresentei a eles, a título de pretexto, a minha idade;[46] quanto a ti, mantive-me afirmando a eles que não conseguirias suportar aqueles que nos caluniavam e que desejavam nos tornar inimigos; de fato, eu o percebia então, como o percebo agora, que uma riqueza grande e desmedida, seja nas mãos de pessoas privadas, seja naquelas de monarcas, usualmente gera uma prole de caluniadores e hordas de parasitas e mandriões, em número e proporção igualmente grandes e desmedidos; não há mal maior resultante da riqueza ou dos outros privilégios concedidos pelo poder. Entretanto, descartei todas essas ponderações e me dirigi a ti, no firme pensamento de que nenhum de meus amigos poderia vir a me acusar de que, por causa de minha indiferença, haviam sido arruinados quando poderiam ter sido poupados disso por um esforço de minha parte.

Por ocasião de minha chegada – pois decerto sabes de tudo que aconteceu em seguida – eu, está claro, solicitei, de acordo com os termos de tuas cartas, que devias começar por convocar Dion amigavelmente; e se houvesses, naquela época, atendido a minha solicitação, provavelmente as coisas tivessem se revelado melhores do que se revelaram agora, tanto para ti e Siracusa quanto para o resto da Grécia, isso ao menos segundo o que me diz meu próprio oráculo interior. Depois solicitei

---

apontarem seu uso desde o século VIII a.C. Tinha esse nome porque os remadores ficavam em três níveis ou pavimentos (três fileiras de remos em cada lado), permitindo maior número de homens em navios menores.

46. Se considerarmos o ano de 361 a.C., a idade de Platão era por volta de 67 anos.

318a que a propriedade de Dion fosse administrada por sua família, não sendo essa administração dividida entre os testamenteiros, cujos nomes é dispensável que eu indique. Além disso, entendi que minha presença [em Siracusa] tornava mais e não menos obrigatório que continuasses enviando a ele sua renda anual. Uma vez não atendidas essas duas solicitações, pedi permissão para partir. Diante disso, insististe que eu permanecesse aquele ano [na cidade], alegando que irias vender toda a propriedade de Dion e enviar uma metade do produto da venda a Corinto, retendo a outra metade para o próprio filho de

b Dion. Eu poderia, inclusive, mencionar muitas outras promessas que não cumpriste, porém seu número é tão grande que prefiro ser breve. Depois de haveres vendido todos os bens de Dion sem o consentimento dele, embora tivesses declarado que não o farias sem esse consentimento, atingiste o clímax de todas tuas promessas descumpridas, *ó meu admirável amigo,*[47] de uma maneira sumamente ultrajante: concebeste um artifício que não foi nem honroso, nem engenhoso, nem justo, nem vantajoso para gerar apreensão em mim, de modo que eu ignorasse o que estava acontecendo e sequer solicitasse

c o despacho do dinheiro de Dion. De fato, quando procuraste expulsar Heraclides[48] (algo não considerado justo tanto pelos siracusanos quanto por mim), porque eu me aliara a Teodotes e Euríbio te implorando para que não agisses nesse sentido, tu o tomaste como um pretexto e afirmaste que há muito ficara evidente para ti que eu não me importava contigo, mas tão só com Dion e amigos e familiares de Dion; e que agora que Teodotes e Heraclides, os quais eram parentes de Dion, haviam se tornado objeto de acusações, eu lançava mão de todo meio para impedir que fossem justamente punidos.

d Assim se sucederam, portanto, as coisas no que diz respeito à nossa associação em matéria de política. E se notaste qualquer outra disposição hostil em minha atitude em relação a ti, podes com acerto supor que foi assim que todas essas coisas aconteceram. E não deves te espantar com isso, pois com

---

47. ...ὦ θαυμάσιε... (*ô thaymásie*), evidentemente irônico.
48. Nobre siracusano de destaque e adepto de Dion.

  justiça seria eu considerado um canalha por qualquer homem sensato se, seduzido pela grandeza de teu poder, traísse um velho amigo e pessoa a quem estou ligado por estreitos laços de hospitalidade mútua – pessoa, para dizer o mínimo, de maneira alguma inferior a ti e que passa por apuros por tua causa – tomasse o teu partido, daqueles que cometeram as injustiças, e agisse inteiramente segundo tuas instruções, evidentemente visando ao dinheiro; de fato, ninguém teria pensado na presença de qualquer outra causa para que eu me transformasse desse modo, se houvesse me transformado. Bem, são esses acontecimentos engendrados por ti os responsáveis pela amizade lupina[49] e a insociabilidade presentes entre nós.

e

  Quase em continuidade com as declarações que acabei de fazer, surgem aquelas outras declarações em relação às quais, como eu disse, é imperioso que faça minha segunda defesa. Presta atenção cuidadosamente e considera se pareço estar mentindo e faltando à verdade. O que afirmo é que, quando Arquedemos[50] e Aristócrito[51] se achavam conosco no jardim, cerca de vinte dias antes de minha partida de Siracusa para casa, dirigiste a mim a mesma queixa que me diriges agora, ou seja, que me importava mais com Heraclides e com todos os outros do que contigo. Diante deles, perguntaste-me se eu me recordava de haver-te instruído, quando chegara pela primeira vez, a instalar colonos nas cidades gregas. Admiti que recordava e que então ainda julgava ser este o melhor procedimento a ser adotado. Contudo, Dionísio, devo também repetir a observação que nessa oportunidade foi feita a seguir, visto que indaguei de ti se fora exclusivamente isso o que eu aconselhara, ou se houvera algo mais; respondeste a mim, colérica e insultuosamente, como o pensavas – com o resultado de o objeto de teu insulto, de então, ter se transformado agora numa realidade em lugar de um sonho[52] – dizendo, com um

319a

b

---

49. ...λυκοφιλίαν... (*lykophilían*).
50. Ver nota 7, Carta II.
51. Cf. Carta XIII, 363d.
52. Possível referência à concretização, representada por Dion, do ideal político do rei-filósofo Platão, retratado em *A República* [Obra publicada pela Edipro em 2019. (N.E.)].

c   riso inteiramente artificial, se minha memória não me falha:[53] "Tu me instruíste a me educar antes de fazer todas essas coisas ou não fazê-las." Respondi que tua memória era ótima, diante do que disseste em seguida: "Queres dizer educar-me em *medir a terra*[54] ou no quê?". Todavia, refreei-me quanto a replicar o que me ocorreu, no receio de que uma pequena palavra pudesse tornar estreita a ampla estrada de minha esperada viagem de volta à pátria.

Ora, a finalidade de tudo que eu disse é a seguinte: não me calunies declarando que eu punha obstáculos à tua colonização das cidades gregas, destruídas pelos bárbaros, e ao alívio
d   dos siracusanos, substituindo uma tirania por uma realeza. Jamais me poderias acusar falsamente menos apropriadamente do que com essas acusações. Que se acresça que, visando a refutá-las, seria para mim possível apresentar declarações de maior clareza ainda, na eventualidade de submeter isso a uma competente investigação para decisão judicial, mostrando que era eu que te estimulava para esses projetos e tu que te negavas a realizá-los. E, de fato, não é difícil evidenciar que, se esses projetos fossem realizados, teriam sido os melhores tanto para ti e os siracusanos quanto para todos os habitantes gregos
e   da Sicília. Todavia, meu amigo, se negares que disseste essas coisas, quando as disseste, sentir-me-ei contemplado pela justiça; se, contudo, admitires que as disseste, deverás igualmente admitir que Estesícoro[55] era um sábio, dispondo-te a imitar sua retratação,[56] e substituir o discurso falso pelo verdadeiro.

---

53. ...εἰ μέμνημαι... (*ei mémnemai*). Outros helenistas preferem εὖ μέμνημαι (*eỹ mémnemai*) [recordo-me bem] entendendo ser isso o começo da observação citada de Dionísio e não o fim das considerações do autor.

54. ...γεωμετρεῖν... (*geometreîn*), isto é, na agrimensura. Pode-se, entretanto, é claro, entender-se *geometria*. A questão aqui nos exime, porém, de uma complexa e profunda análise linguística, já que nesse contexto tudo que o tirano de Siracusa deseja é fazer uma indagação insolente e repleta de escárnio.

55. Poeta lírico que floresceu por volta de 600 a.C. Teria sido punido com a cegueira devido às suas invectivas contra a honra de Helena de Troia. É com referência a isso que ele posteriormente se retratará, recuperando a visão. Ver *Fedro* 243a-b. [Obra publicada pela Edipro em *Diálogos III*, 2015. (N.E.)]

56. ...παλινῳδίαν... (*palinoidían*), que é, inclusive, o próprio título do poema de Estesícoro.

IV
Platão a Dion de Siracusa: Sucesso![57]

320a   Presumo ter sido evidente por todo o tempo que experimentei um vivo interesse pelas ações empreendidas,[58] e que me mostrei sumamente ansioso por assistir a sua conclusão. Era eu nisso motivado, principalmente por minha zelosa deferência pelo que é nobre; de fato, considero justo que os indivíduos, que são verdadeiramente equitativos e cujos atos se coadunam com isso, devam alcançar a reputação que merecem. De momento, graças ao deus, os negócios vão bem, mas é no futuro que será travada a principal luta. Embora se possa pensar que coragem, rapidez e força sejam qualidades pelas quais vários outros indivíduos podem se destacar, haveria unanimidade em afirmar que, qualificar-se como aquele que mais se destaca na verdade, na justiça, na generosidade e na exteriorização em sua conduta, de todas essas virtudes, é o que claramente se espera de quem professa honrá-las.

    Ora, o que digo é evidente, entretanto convém que nos lembremos que cabe a certos indivíduos – e decerto sabes a quem me refiro – superar os outros seres humanos como se estes últimos, a eles comparados, fossem crianças. É necessário, portanto, que mostremos claramente, de nossa parte, que somos o tipo de pessoas que afirmamos ser, até porque, com a ajuda do deus, isso será uma tarefa fácil. Enquanto no que toca a outros, para se tornarem conhecidos, é necessário que viagem para regiões muito distantes, os eventos que gravitam em torno de ti são tais que, todo o mundo – para nos expressarmos com certa jactância – contempla unicamente um lugar e, sobretudo, a ti nesse lugar. E considerando que és objeto da contemplação do mundo todo, prepara-te para desempenhar um papel como, na antiguidade, aquele do digno Licurgo,[59] o de

---

57. Ver nota 1, Carta I.
58. O autor alude muito provavelmente a operações de caráter militar realizadas por Dion.
59. Célebre legislador da Lacedemônia (Esparta) que floresceu no século IX a.C.

Ciro[60] e de todos os outros, que até agora conquistaram a fama por se sobressaírem no que diz respeito ao caráter e à administração política; e isso especialmente porque há muitas pessoas, entre as quais a quase totalidade aqui, que se mantêm dizendo que, com a queda de Dionísio, é sumamente provável que as coisas caminhem para a ruína por conta de tuas ambições e as de Heraclides, Teodotes e de outras figuras notórias da cidade. Espero que ninguém, se possível, venha a sofrer com essa maneira de agir; mas caso isso aconteça, deverás assumir o papel de um médico, de modo que as coisas se revelem as melhores para todos vós.

Talvez para ti soem ridículas essas minhas palavras, uma vez que tu próprio estás também ciente disso; entretanto, noto como, até nos teatros, os competidores[61] são estimulados pelas aclamações das crianças, além daquelas de seus amigos, quando julgam ser essas aclamações autênticas e benevolentes. Agora, portanto, participa da competição e, caso necessites de algo, comunica-nos.

Os assuntos aqui se encontram quase na mesma condição de quando estavas aqui. Escreve-nos também informando sobre o que já fizeste ou estás fazendo, visto que embora escutemos muitos boatos, de nada sabemos.

Cartas de Teodotes e Heraclides chegaram agora a Lacedemônia e a Egina, mas, como eu afirmei, nós de nada sabemos, ainda que ouçamos muitos boatos das pessoas aqui. Lembra-te, também, que há quem te considera indevidamente falho em matéria de afabilidade; não esquece que a ação que se faz coroada pelo êxito tem como base o agradar os seres humanos, ao passo que a arrogância mora muito próxima da solidão. Boa sorte!

---

60. Rei da Pérsia (?-529 a.C.).
61. ...ἀγωνιστὰς... (*agonistàs*), genericamente *lutadores*. O autor se refere aos concursos ou às competições (mais ou menos regulares e comuns na Grécia antiga) envolvendo várias modalidades teatrais como a tragédia, a comédia, a rapsódia, etc. e também a oratória. Essas competições eram análogas aos jogos propriamente ditos, nos quais as provas eram literalmente de caráter atlético e esportivo, envolvendo a competição de lutadores e atletas em busca dos louros da vitória.

V
Platão a Perdicas:[62] Sucesso![63]

Aconselhei Eufraeu,[64] atendendo ao que me escreveste, a dedicar-se ao mister de cuidar de teus interesses; considero justo, também, conceder-te amigavelmente, e o que é classificado como *sagrado*, aconselhamento acerca das outras matérias mencionadas por ti e sobre qual o uso que deves fazer agora de Eufraeu. Este homem pode ser a ti prestativo de muitos modos, sobretudo naquilo que a ti falta por seres jovem, inclusive porque se trata de uma matéria para a qual não há para os jovens muitos conselheiros disponíveis. De fato, formas de governo, tal como animais, possuem cada uma delas um tipo característico de *maneira de se expressar,*[65] havendo uma para a democracia, uma outra para a oligarquia, e uma terceira para a monarquia; um enorme número de pessoas afirmaria conhecer essas maneiras de se expressar [das formas de governo], porém majoritariamente e a considerarmos raras exceções, estão bem longe realmente de compreendê-las. Ora, se cada uma dessas formas de governo consegue usar sua maneira de se expressar com deuses e seres humanos, e estabelece a compatibilidade entre suas ações e essa sua maneira de se expressar, manter-se-á sempre próspera e segura; entretanto, se recorrer à imitação de outra, será sua ruína. É para isso, portanto, que Eufraeu se revelará particularmente útil a ti, mesmo se mostrando alguém determinado e ousado também em outras coisas. Tenho a esperança de que ele colaborará contigo na busca do discurso apropriado à monarquia,

---

62. Perdicas III, irmão mais velho de Filipe (pai de Alexandre), foi rei da Macedônia de 364 (ou 365) a 359 (ou 360) a.C.
63. Ver nota 1, Carta I.
64. Discípulo de Platão originário da Eubeia.
65. ...φωνὴ... (*phonè*), genericamente som, ruído; mais restritamente, som articulado, voz, som emitido pelos animais e, por extensão, linguagem – não só linguagem como maneira de se expressar animal ou humana, mas também especificamente, como é o caso aqui, maneira de se expressar de um governo.

agindo como qualquer indivíduo que está a teu serviço. Assim, faz uso dele para isso, com o que não só estarás tirando proveito para ti próprio, como estarás também concedendo a ele um enorme benefício.

Se alguém, contudo, ao ouvir isso, vier a dizer: "Platão, pelo que parece, afirma saber o que é vantajoso para a democracia, porém, quando tem chance de discursar diante do povo[66] e aconselhá-lo visando ao melhor, jamais se levanta e profere um discurso", podes responder a isso nos seguintes termos: "Platão nasceu tardiamente na história de sua pátria e encontrou o povo já velho e acostumado, devido à ação dos anteriores conselheiros, a muitas práticas incompatíveis com o aconselhamento que ele próprio daria. De fato, ele o teria aconselhado, como a um pai, disso extraindo o maior prazer possível, se não tivesse pensado que se exporia inutilmente a perigos e nada realizaria de bom. Suponho que agiria do mesmo modo no que respeita a aconselhar-me. Se nos considerasse incuráveis, despedir-se-ia de nós com um demorado adeus e desistiria de fornecer aconselhamento, no que me toca e no que toca aos meus negócios." Boa sorte!

VI
Platão a Hérmias,[67] Erasto e Corisco:[68] Sucesso![69]

A mim parece evidente que algum deus prepara, de maneira benevolente e suficiente, para vós, uma sorte favorável, contanto que a acolheis corretamente. Habitais como vizinhos numa estreita associação, o que possibilita prestardes mútuo

---

66. ...ἐν τῷ δήμῳ... (*en tôi démoi*): a alusão é à Assembleia do povo (ἐκκλησία [*ekklesía*]) de Atenas.
67. Hérmias foi tirano de Atarneu e Assos, por volta de 351 a.C. Apesar de uma ligeira discrepância cronológica, tudo indica que se trata do mesmo rico Hérmias que travou relações com Aristóteles e cedeu-lhe espaço para abrir uma escola platônica em Assos.
68. Erasto e Corisco eram discípulos de Platão e colegas e amigos de Aristóteles.
69. Ver nota 1, Carta I.

auxílio em coisas do maior peso. Se por um lado, Hérmias terá com a conquista de amigos dotados de um caráter íntegro uma fonte de poder, para todos os efeitos, não inferior ao seu elevado número de cavalos ou outros equipamentos bélicos, ou mesmo à sua própria acumulação de ouro, por outro lado, Erasto e Corisco, a se somar à nobre sabedoria das Ideias,[70] precisam também – como eu, apesar de minha avançada idade, afirmo – suplementá-la com a sabedoria que diz respeito à proteção de si mesmo no relacionamento com o perverso e o injusto e a uma espécie de poder de autodefesa. Falta-lhes experiência pelo fato de haverem passado uma grande parte de suas vidas conosco, isto é, entre homens moderados e destituídos de vício; é por essa razão, como disse, que necessitam dessas qualidades suplementares, de modo a não serem levados a negligenciar a verdadeira sabedoria e dar atenção mais do que o conveniente àquilo que é humano e necessário. Ora, por outro lado, esse poder de que eles precisam, a mim parece – na medida em que posso julgar sem ter conhecido Hérmias – que este último o possui, quer com base na natureza, quer como uma arte desenvolvida pela experiência.

O que pretendo sugerir, então, com o que estou dizendo? Dirigindo-me a ti, Hérmias, uma vez que conheço Erasto e Corisco muito mais do que tu os conheces, afirmo, proclamo e testemunho que dificilmente encontrarás [indivíduos de] caráter mais confiável do que esses teus vizinhos; meu conselho é que te ligues firmemente a esses homens por todos os meios honrosos, tendo isso na conta de uma questão de capital importância. Quanto a Corisco e Erasto, o conselho que proporciono é o seguinte: que eles, por sua vez, liguem-se firmemente a Hérmias e que se esforcem no sentido de transformar essa associação mútua [que já existe] em laços de amizade. Todavia, se vier a acontecer [no futuro] de qualquer um de vós de alguma maneira romper essa união – pois o que é humano não possui o sinete da durabilidade – que

---

70. ...τῶν εἰδῶν σοφίᾳ τῇ καλῇ... (*tôn eidôn sophíai têi kalêi*), ou seja, a teoria das Formas de Platão. Ver especialmente o diálogo *Parmênides*. [Obra publicada pela Edipro em *Diálogos IV*, 2015. (N.E.)]

envie uma carta a mim e aos meus amigos indicando as razões de suas queixas; já que, a menos que a ruptura haja sido muito grave, acredito que os argumentos que remeteremos a vós, tendo por base justiça e respeito, serão de melhor serventia do que qualquer encantamento para unir-vos novamente, devolvendo-

c -vos à vossa condição anterior de amizade e relações em comum. Se, então, nessas circunstâncias, todos nós – tanto nós quanto vós – colocarmos em prática essa filosofia, de acordo com a capacidade de cada um, e no máximo dessa capacidade, a profecia que acabei de fazer se concretizará; entretanto, se falharmos nessa empreitada, calo-me quanto às consequências, pois profetizo apenas o que é bom, e declaro que, queira assim o deus, conduziremos todas essas coisas a um bom desfecho.

Essa carta deve ser lida pelos três, se possível todos juntos... ou, se não for possível, que a leiam dois a dois; e tão frequentemente quanto possível que seja lida em comum, sendo empregada como uma forma de pacto e lei soberana,

d como é o justo; e incluindo uma seriedade que não é de modo dissonante, deselegante combinada com a galhofa que é irmã da seriedade, jurai pela Divindade que é Governante de todas as coisas que são e que serão, e jurai pelo Senhor e Pai da Governante e Causa, a Quem todos nós conheceremos claramente tanto quanto têm o poder de conhecê-Lo os seres humanos bem-aventurados, se vivemos genuinamente a vida da filosofia.[71]

VII
Platão aos parentes e companheiros de Dion: Sucesso![72]

Vós me escrevestes que eu tenho que considerar que vossas opiniões eram idênticas às de Dion, e insistis na minha cooperação convosco, na medida de minha capacidade, tanto

324a por atos quanto por palavras. Bem, se de fato defendeis as

---

71. Neste trecho final, ocorrem claros reflexos marcantemente do *Timeu**, a Divindade Governante podendo, talvez, ser identificada com a Alma do Mundo, enquanto seu Pai com o Demiurgo.

*. Obra publicada pela Edipro em *Diálogos V*, 2010. (N.E.)

72. Ver nota 1, Carta I.

mesmas opiniões e almejais o mesmo que ele, estou disposto a dar-vos meu apoio, mas se assim não for, terei que ponderar detidamente sobre a questão. Quanto a quais eram suas opiniões e o que ele almejava, estou capacitado a dizer-vos, e não com base em meras suposições, mas num certo conhecimento, isso porque cheguei pela primeira vez em Siracusa, tendo então por volta de quarenta anos. Dion tinha a idade que Hiparino[73] tem agora, e foi naquela época que ele passou a sustentar as opiniões que permaneceram para ele inalteradas; sustentava que os siracusanos deviam ser livres e viverem submetidos às melhores leis. Não é de se surpreender, portanto, que algum deus levasse [Hiparino] também a compartilhar das mesmas opiniões em matéria de forma de governo. Ora, o como foi a gênese dessas opiniões constitui um relato que merece ser ouvido, tanto por jovens quanto por velhos, e visto que essa ocasião é oportuna, empenhar-me-ei em realizar esse relato partindo do começo.

Quando eu era jovem, experimentava o mesmo que muitos outros experimentavam. Pensava em ingressar imediatamente na vida pública, no exato momento em que me tornasse meu próprio senhor.[74] Aconteceu, entretanto – segundo descobri –, de ocorrerem certas alterações nos negócios políticos.

O governo vigente de então, objeto de insultos por parte de muitos, sofreu uma transformação que o levou a cair; essa transformação revolucionária foi liderada por 51 homens, 11 deles atuando na parte superior da cidade, 10 no Pireu[75] e 30 estabelecidos como governantes com poderes absolutos sobre tudo.[76] Desses 30, alguns realmente eram parentes e conhecidos meus,[77] e na verdade não tardaram a convidar-me para integrar o novo governo, julgando-o adequado. Por conta

---

73. Desconhece-se o exato parentesco de Hiparino com Dion, mas é provável que fosse seu filho.
74. Ou seja, no momento em que atingisse a maioridade.
75. ...Πειραιεῖ... (*Peiraieî*), demo na região baixa de Atenas, próximo ao mar, onde está situado o porto, a cerca de oito quilômetros da parte superior da cidade.
76. O autor se refere aos Trinta Tiranos que governaram Atenas de 404 a 403 a.C.
77. Crítias e Cármides, por exemplo, eram parentes de Platão.

de minha juventude, o que senti então não foi, de modo algum, surpreendente. Imaginei que iriam governar o Estado, tirando-o da vida injusta para colocá-lo na senda da justiça, de modo que passei a observá-los muito diligentemente, a fim de ver quais seriam suas ações. Realmente vi aqueles homens, em pouco tempo, levarem as pessoas a relembrar o governo anterior como uma idade de ouro; é de se destacar especialmente o tratamento que dispensaram ao meu velho amigo Sócrates[78] – a quem eu não hesitaria em classificar como o mais justo dos homens vivos daquela época – ao tentarem fazê-lo integrar, com outros, o grupo enviado para prender, empregando a força, um certo cidadão[79] para que fosse executado. O que visavam era que ele,[80] voluntária ou involuntariamente, participasse das ações deles; a isso, porém, ele se recusou, expondo-se às mais severas punições, mas preferindo arriscar-se a compactuar com os atos ímpios deles. Ao assistir a todas essas ações e outras de não menor gravidade, senti-me indignado e recuei diante das práticas viciosas em curso. Depois de pouco tempo, porém, o poder dos Trinta foi derrubado e com ele todo o governo então vigente. Mais uma vez experimentei o desejo, ainda que nesse ensejo menos premente, de participar da vida pública e política. Ocorriam, entretanto, ainda naqueles tempos em larga escala conturbados acontecimentos lamentáveis, e não era de se surpreender que, durante essas transformações políticas, os indivíduos empreendessem suas vinganças contra seus inimigos com máxima crueldade; a despeito disso, os exilados que agora regressavam[81] agiam com grande equidade. Todavia, como que pela má sorte, alguns homens poderosos[82] convocaram ao tribunal nosso com-

---

78. Sócrates de Atenas (469-399 a.C.), filósofo e mestre de Platão.
79. Ou seja, Leon de Salamina. Ver *Apologia de Sócrates*, 32c-e. [Obra publicada pela Edipro em *Diálogos III*, 2015. (N.E.)]
80. Sócrates.
81. O autor se refere aos adeptos da democracia, representada por Trasíbulo e Trasilo, que haviam sido desterrados com a ascensão dos Trinta e que, com a queda destes, retornavam a Atenas.
82. Referência a Meleto e Anito, dois dos acusadores de Sócrates. Ver a *Apologia de Sócrates* de Platão.

panheiro Sócrates, acusando-o de algo extremamente ímpio, de
c que Sócrates, entre todos os homens, menos merecia, já que foi com base na acusação de impiedade[83] que aqueles homens o intimaram[84] e os outros[85] o condenaram e mataram – o mesmo homem que, na ocasião anterior em que eram eles que sofriam por estar exilados, negou-se a participar da prisão injusta de um dos amigos dos homens então exilados.

Quanto mais eu ponderava sobre tudo isso, sobre o tipo de seres humanos que atuavam na política, incluindo suas leis e seus costumes, quanto mais os considerava e envelhecia, mais difícil me parecia a tarefa de administrar corretamente
d os negócios de um Estado, pois percebia que era impossível agir sem amigos e companheiros confiáveis, os quais não era fácil encontrar em disponibilidade, uma vez que nosso Estado não era mais administrado segundo os costumes e práticas de nossos antepassados, ao passo que granjear novos amigos facilmente era algo impossível. Que se acrescente a isso que, tanto as leis escritas quanto os costumes, eram corrompidos a uma espantosa rapidez. O resultado foi que, embora inicial-
e mente eu estivesse imbuído de um intenso desejo de ingressar na vida pública, após ponderar sobre tudo isso e perceber quão instáveis eram as coisas, alterando-se em todas as direções, acabei por me sentir aturdido; e apesar de não haver deixado de refletir em como algum melhoramento poderia ser produzido, não só em relação a essas matérias, como tam-
326a bém em relação ao governo como um todo, no que se refere à ação pus-me a esperar pelo momento apropriado. Finalmente, observando todos os Estados atualmente existentes, cheguei à percepção de que são todos mal governados, e a condição

---

83. ...ἀσεβῆ... (*asebê*), genericamente falta de devoção religiosa; especificamente descrença nos deuses oficiais do Estado ou desrespeito cometido contra os pais. Uma das acusações formalizadas contra Sócrates era a de que ele não acreditava nas divindades de Atenas e ainda promovia a crença em divindades estrangeiras. Ver o *Eutífron* e a *Apologia de Sócrates*. [Obras publicadas pela Edipro em *Diálogos III*, 2015. (N.E.)]

84. Uma ação pública afixada no pórtico do arconte-rei. Ver *Eutífron*, 2a.

85. O júri do *Conselho dos Quinhentos*.

de suas leis tal que se mostra praticamente irrecuperável[86] na ausência de algum remédio miraculoso e a boa sorte. Assim, em meu louvor à correta filosofia, fui forçado a declarar que é por meio dela que somos capacitados a discernir a essência da justiça, tanto no âmbito do Estado quanto naquele do indivíduo, e que não haverá fim para os males da espécie humana enquanto a classe daqueles que são correta e verdadeiramente amantes da sabedoria (filósofos) não governar, ou então a classe que governa os Estados não se tornar, por favor dos deuses, realmente filosófica.[87]

Essa era a minha opinião na ocasião em que cheguei pela primeira vez à Itália e à Sicília. E, quando cheguei, não me agradou em absoluto o que chamam lá de a *vida feliz*,[88] repleta de banquetes itálicos e siracusanos, com indivíduos passando suas existências se empanturrando duas vezes por dia e jamais dormindo sozinhos à noite, além de todas as demais práticas que acompanham esse modo de vida. De fato, nenhum indivíduo que viva sob o céu jamais se tornaria sábio se atendo a essas práticas desde jovem – tal comportamento espantoso é contra a natureza – e provavelmente jamais se tornaria dotado de autocontrole, algo idêntico podendo ser dito no que toca às outras formas de virtude. Tampouco qualquer Estado gozaria de estabilidade, não importa quais fossem suas leis, se seus homens, ainda no pensamento de que devem em tudo exceder-se, acreditassem que devem eximir-se de todo esforço, exceto daquele despendido em festins e bebedeiras, além dos prazeres do sexo que buscam com determinação. Tais Estados se mantêm, necessariamente, transformando-se em tiranias, oligarquias e democracias,[89] e os seus governantes mal podem suportar a menção do nome de uma forma de governo justa e dotada de leis de igualdade. Com esses pensamentos, além das opiniões que mencionei antes, viajei para Siracusa, tal-

---

86. ...ἀνιάτως... (*aniátos*), literalmente *incurável*.
87. Alusão ao diálogo *A República*, sobretudo 473c-e.
88. ...βίος εὐδαίμων... (*bíos eydaimon*).
89. Para Platão as três formas deficientes de governo.

e   vez movido pelo acaso, embora pareça mais provável que um poder superior estivesse, naquele tempo, atuando para criar as bases para os acontecimentos, que desde então ocorrem envolvendo Dion e Siracusa, e também outros acontecimentos temíveis [que podem ocorrer], a menos que ouvis o aconselhamento que agora, pela segunda vez, disponibilizo-vos.

O que quero dizer, afinal, ao afirmar que minha chegada à
327a   Sicília naquela ocasião gerou o princípio de tudo? No momento em que me aliei a Dion, que era um jovem na época, instruindo-o com meus discursos quanto ao que eu acreditava ser o melhor para os seres humanos e o aconselhando a colocá-lo em prática, parece que eu ignorava que, de alguma maneira, estava maquinando, ainda que não propositadamente, para a futura dissolução da tirania. De fato, Dion era detentor de uma capacidade de aprender com rapidez, tanto em outros aspectos quanto na apreensão dos discursos que eu lhe dirigia, ouvindo-
b   -me com um zelo e uma atenção que eu jamais encontrara em nenhum jovem que conhecera; e resolveu viver o resto de sua vida de uma forma diferente da maioria dos italianos e sicilianos, tendo a virtude como objeto digno de maior dedicação do que o prazer e as outras formas de viver na indolência e sensualidade. A consequência foi o seu modo de vida ir além de aborrecer aqueles que se orientavam pelas práticas usuais da tirania, isso até a morte de Dionísio.[90]

Após esse acontecimento, ele passou a acreditar que essas convicções, que adquirira pessoalmente pela correta ins-
c   trução, não deveriam permanecer limitadas a ele próprio; e percebendo que haviam sido absorvidas se não por muitos, ao menos por alguns, pensou que, com a ajuda dos deuses, o próprio Dionísio[91] poderia ser um desses e que, se passasse a ser um homem com essas convicções, consequentemente sua vida, bem como a do resto dos siracusanos, tornar-se-ia repleta de bênçãos incalculáveis. Ademais, Dion era da opinião de que eu devia, indiscutivelmente, transferir-me o mais depres-

---

90. Ou seja, Dionísio, o Velho, que morreu em 367 a.C.
91. Ou seja, Dionísio, o Jovem.

sa possível para Siracusa, a fim de associar-me a ele nesse empreendimento, visto que tinha em mente nosso relacionamento mútuo e quanto nossas conversações haviam realmente despertado nele o desejo de conquistar a mais nobre e melhor das vidas; e se, agora, conseguisse obter o mesmo efeito com Dionísio, que era o que tentava fazer, alimentava grandes esperanças de estabelecer em todo o país, suprimindo massacres, mortes e outros males que se produziam atualmente, o tipo de vida verdadeira e venturosa.

Tendo em mente essas convicções acertadas, Dion convenceu Dionísio a me mandar chamar, enquanto ele próprio se comunicou comigo insistindo em que, pondo qualquer dúvida de lado, me apressasse antes que outros indivíduos[92] pudessem topar com Dionísio e desviá-lo para algum outro modo de vida que não fosse o melhor. Seu pedido, ainda que demasiado longo para ser repetido na íntegra, era nos seguintes termos: "Que oportunidades (perguntava) podemos esperar melhores do que estas que nos foram agora apresentadas por um golpe de divina boa sorte?" E ele discorria, pormenorizadamente, sobre a extensão do império na Itália e na Sicília, a respeito de seu próprio poder nesse império e a juventude de Dionísio, mencionando também o seu grande interesse por filosofia e educação, falando de seus próprios sobrinhos e parentes, e de como seria fácil persuadi-los a se converterem às doutrinas e à forma de vida que eu sempre ensinara, e de como também seriam de extrema valia contribuindo para influenciar Dionísio. A conclusão era que agora, se é que algum dia isso aconteceria, todas as nossas esperanças seriam realizadas no sentido de vermos as pessoas como sendo simultaneamente filósofos e governantes de grandes Estados.[93]

Com base nesses argumentos e muitos outros, ele se mantinha me exortando; mas no que se referia ao que eu próprio pensava, alimentava receio quanto ao rumo que tomariam es-

---

92. Filósofos e sofistas que, possivelmente, frequentavam a corte de Siracusa, como Ésquines, Aristipo, Filisto e Polixeno.
93. O ideal político central de *A República*.

ses assuntos, no que concernia aos jovens, uma vez que os desejos destes têm o cunho da volubilidade e, com frequência, mudam para a direção oposta, isso embora no que tangia ao caráter de Dion, eu conhecesse sua natural estabilidade e a suficiente maturidade de Dion. Assim me conservava refletindo sobre a questão, em dúvida sobre se devia empreender aquela viagem cedendo à insistência de seus argumentos; o que finalmente me fez oscilar foi o pensamento de que, se era para algum dia fazer uma tentativa de aplicação de nossos princí-

c pios relativamente a leis e governo político, era esse o momento de fazê-lo, pois bastaria conseguir persuadir suficientemente uma única pessoa para ver realizado todo o bem que idealizara. Foi com esse pensamento e esse propósito ousado que parti de casa, e não imbuído daquilo que alguns supõem; sentia-me, sobretudo, envergonhado, receando parecer a mim mesmo completa e absolutamente nada mais do que um mero produtor de discursos, destituído da disposição de empreender qualquer ação, inclusive percebendo que me achava exposto ao perigo de trair, numa primeira instância, a hospita-

d lidade e amizade de Dion numa ocasião em que ele, por sua vez, corria um real perigo que não era pequeno. Suponha-se que alguma fatalidade o atingisse, ou que fosse banido por Dionísio ou seus outros inimigos, e que então, em seu exílio, se dirigisse a mim nos seguintes termos: "Eis-me aqui, Platão, banido de meu país, não a implorar por soldados de infantaria, nem porque me faltam cavaleiros para repelir meus inimigos, mas para implorar por discursos e persuasão, pelos quais principalmente tu, eu o sei, és capaz de conduzir jovens ao que é

e bom e justo, e com isso orientá-los sempre para um estado de amizade e camaradagem recíprocas. A causa de eu ser banido de Siracusa agora e me encontrar aqui é me teres deixado desprovido de discursos e persuasão. Essa minha condição, porém, não representa para ti grande censura; mas, no que diz respeito à filosofia, que é objeto de teu contínuo louvor e da afirmação de que é alvo de tratamento desonroso por parte do resto da humanidade, decerto, na medida em que está sob tua dependência, foi ela agora também traída tal como eu o

329a fui. Se acontecesse de vivermos em Megara,⁹⁴ decerto virias auxiliar-me em minha causa atendendo a minha chamada, caso contrário julgar-te-ias entre todos os homens o mais reles; e imaginarás agora que poderás te safar da acusação de covardia alegando a duração da viagem, a longa distância para ser feita e a fadiga envolvida? Longe disso."

Para palavras desse naipe, que resposta plausível teria eu? Nenhuma. Assim, movido por boas e justas razões eu parti, dentro do humanamente possível; e foi por conta desses
b   motivos que abandonei minhas próprias ocupações, que não deixavam de ser dignas, para viver sob uma tirania aparentemente incapaz de se ajustar quer aos meus ensinamentos, quer a mim mesmo. Com essa viagem isentei-me de culpa perante Zeus Xenios⁹⁵ e me abriguei de qualquer censura vinda da filosofia, constatando que ela poderia se converter em objeto de desonra se eu, devido à frouxidão e medo, incorresse em ignomínia por meio da covardia.

Por ocasião de minha chegada – não devo ser prolixo – encontrei a corte de Dionísio completamente dividida por
c   facções e por relatos caluniosos arremetidos contra Dion. Pus-me a defendê-lo tanto quanto podia, porém, foi pouco o que pude fazer; cerca de quatro meses [a contar a partir de minha chegada], acusando Dion de conspiração contra o governo tirânico, Dionísio o colocou a bordo de um pequeno navio e o expulsou coberto de ignomínia. Diante disso, todos nós que éramos amigos de Dion, fomos tomados pelo temor, no receio de qualquer um de nós ser acusado por Dionísio de cumplicidade na conspiração de Dion; quanto a mim, realmente circulou, a partir de Siracusa, um rumor de que eu
d   fora executado por Dionísio como responsável por tudo que acontecera. Entretanto, quando Dionísio percebeu como nos sentíamos, sua reação foi a de se sentir apreensivo, receando que nossos temores pudessem gerar algo ainda pior; sua

---

94. Cidade próxima de Atenas.
95. ...Διὸς ξενίου... (*Diòs xeníoy*), Zeus na sua faceta de protetor dos estrangeiros e promotor do dever de hospitalidade. Platão e Dion estavam vinculados pelos laços de mútua hospitalidade.

disposição foi a de nos acolher amigavelmente e, além disso, se pôs a tranquilizar-me, dizendo-me para não ter medo e suplicando-me seriamente que permanecesse [em Siracusa]. Segundo ele, minha partida não lhe seria honrosa, mas sim minha permanência. Nisso residia a razão de dirigir-me fingidamente súplicas tão prementes. Mas, como sabemos, os pedidos dos tiranos são mesclados com autoritarismo. Concebeu um plano para barrar minha partida, ordenando que me trouxessem para a acrópole e me alojando num lugar do qual nenhum capitão de navio ousaria me tirar sem que recebesse uma comunicação de um mensageiro enviado pelo próprio Dionísio, com uma ordem expressa para que fizesse isso, e muito menos se Dionísio o houvesse proibido. Tampouco quaisquer mercadores ou guardas nas estradas que davam acesso às fronteiras do país permitiriam que eu seguisse sozinho, mas sim me prenderiam imediatamente e me trariam de volta a Dionísio, particularmente porque um outro rumor, contrário ao anterior, alcançara o estrangeiro, ou seja, aquele segundo o qual *Dionísio era extraordinariamente afeiçoado a Platão*. Qual entretanto era realmente a situação? Afinal, a verdade tem que ser dita. Com o decorrer do tempo, ele se tornou cada vez mais afeiçoado, à medida que se familiarizava com minha disposição e meu caráter; entretanto, queria que eu o louvasse mais do que a Dion e tivesse a amizade com ele em maior apreço, empenhando-se ansiosamente em obter esse triunfo. O melhor meio de obtê-lo, porém, se é que havia um meio para isso, era ele se dispor a aprender e ouvir os discursos de filosofia associando-se a mim, ao que ele sempre se esquivou devido ao seu medo das intrigas dos caluniadores, que diziam que ele poderia cair numa armadilha, possibilitando a Dion realizar todos seus projetos. De minha parte, pus de lado tudo isso, prendendo-me à intenção original de minha vinda, na esperança de que ele pudesse, de algum modo, desenvolver um desejo pela vida de filósofo; sua resistência, contudo, nunca foi vencida por mim.

Foram essas, portanto, as circunstâncias que levaram à minha visita à Sicília e que ocuparam o tempo em que estive lá pela primeira vez. Depois regressei à pátria e somente retornei ao receber uma convocação urgente de Dionísio. O motivo para meu retorno e o que realizei, bem como o que tornava racionais e justas minhas ações, são algo que procurarei explicar mais tarde para aqueles que desejam saber qual foi meu propósito ao empreender uma segunda visita. Antes, porém, é necessário que, primeiramente, aconselhe-vos quanto ao procedimento que deveis adotar nas atuais circunstâncias, não conferindo assim prioridade a assuntos de importância secundária. Eis, portanto, o que tenho a dizer.

Quando alguém aconselha um homem doente, estando este doente vivendo de um modo que é nocivo à sua saúde, não deve começar por tentar alterar seu modo de vida, passando a fornecer-lhe conselhos somente se o doente se mostrar predisposto a acatar suas instruções? Se essa predisposição estiver ausente, eu consideraria um homem digno e médico autêntico se ele se esquivasse a aconselhar tal doente e, inversamente, indigno e inabilitado se insistisse no aconselhamento. O mesmo se aplica a um Estado, seja este governado por um único homem ou por muitos; se seu governo é corretamente ordenado e acertadamente orientado, é judicioso proporcionar o salutar aconselhamento ao seu povo no que tange ao que é vantajoso para o Estado. Todavia, se seu povo ultrapassa os limites do correto governo, nega-se cabalmente a voltar a trilhar seu caminho, e adverte seu conselheiro a deixar o governo em curso intacto, sob ameaça de morte se o alterar, ordenando-lhe, em lugar disso, que contribua com seu aconselhamento para os seus interesses e desejos, indicando a ele, povo, como poderá doravante assegurar a satisfação de tais interesses e desejos da maneira mais fácil e rápida em caráter perpétuo – nesse caso, então, teria eu na conta de homem indigno aquele que prosseguisse, prestando-se a um aconselhamento desse tipo, e aquele que declinasse um homem digno.

Sendo essa a opinião que sustento, toda vez que alguém me consulta com relação a alguma questão de grande importância de sua vida, digamos a aquisição de dinheiro, ou o cuidado relativamente ao seu corpo ou sua alma, na hipótese de estar eu convicto de que ele vive cotidianamente de um modo apropriado, ou que se predisporá a acatar meu aconselhamento no tocante às matérias a mim apresentadas, disponibilizo-lhe prontamente aconselhamento, não me limitando a uma resposta superficial. Se, contudo, meu aconselhamento não é solicitado, ou o indivíduo demonstra claramente que não adotará de modo algum o aconselhamento dado, eu, de minha parte, não tomo a iniciativa de aconselhar tal pessoa, como tampouco a constrangeria a ouvir-me, nem sequer se fosse meu próprio filho. No caso de um escravo, daria meu conselho, que se recusado, eu imporia. Julgo, porém, uma impiedade coagir um pai ou uma mãe, a não ser que o juízo deles esteja comprometido por doença; se, todavia, vivem uma vida estável que lhes agrada, ainda que não agrade a mim, nem os aborreceria com exortações inúteis, nem mediante lisonjas, proveria-os de recursos que lhes possibilitaria satisfazer desejos que, estivesse eu presa deles, preferiria morrer a satisfazê-los.

Ora, do mesmo modo cabe ao indivíduo sensato sustentar por toda sua existência idêntica opinião no tocante à relação com seu próprio Estado: cabe-lhe manifestar-se, se lhe parece que ele é mal governado, desde que seu discurso não venha provavelmente a se revelar infrutífero ou causar sua morte; mas não lhe cabe empregar violência com sua pátria transformando a forma de governo, toda vez que se revela impossível instaurar a melhor forma de governo sem recorrer ao exílio e ao assassinato de homens; cabe-lhe, ao contrário, manter uma postura pacífica e orar para o bem-estar de si mesmo e do Estado.

Eis, portanto, como eu vos aconselharia, tal como Dion e eu costumávamos aconselhar Dionísio, no sentido de, para começar, ordenar sua vida cotidiana de modo a conquistar o maior controle possível sobre sua própria pessoa e granjear para si mesmo amigos e companheiros dignos de confiança; assim agindo poderia evitar os males experimentados por seu pai, o qual, após haver recuperado grandes cidades da Sicília que tinham sido devastadas pelos bárbaros, por ocasião da colonização delas foi incapaz de estabelecer, em cada uma delas, governos leais constituídos por companheiros confiáveis, fossem estes estrangeiros ou seus próprios irmãos[96] que, sendo mais jovens do que ele próprio, foram por ele treinados em sua juventude e haviam ascendido de uma posição privada para uma posição de autoridade, e de uma condição de pobreza para uma de extrema riqueza. Nem por persuasão ou instrução, nem por conta de benefícios concedidos ou laços de parentesco, capacitou-se ele a tornar qualquer um deles digno de participar de seu governo. Assim, ele se mostrou sete vezes mais falho do que Dario,[97] que confiou em homens que nem eram seus irmãos nem foram por ele treinados, mas não passavam de colegas que o haviam auxiliado a esmagar o meda e o eunuco; e ele distribuiu entre eles sete províncias, cada uma de maior tamanho do que a Sicília inteira; e constatou a lealdade deles, pois nem o atacavam nem se atacavam entre si. Dessa forma, ele deixou registrado um exemplo do caráter que devem ter o bom legislador e o rei, na medida em que, graças às leis estabelecidas por ele, conservou o Império Persa até a atualidade. Acrescente-se, que também os atenienses, depois de tomarem muitas cidades gregas que haviam caído em poder dos bárbaros, ainda que não as houvessem colonizado eles próprios, mantiveram firmemente o poder sobre elas durante setenta anos, com base nas amizades que construíram em cada uma delas. Dionísio, entretanto, embora haja unido a Sicília inteira, transformando-a num único Estado, pelo fato de não confiar em ninguém, norteado por sua sabedoria, mal conseguiu consolidar sua segurança, pois carecia de homens que fossem amigos leais, e contar ou não contar com homens desse tipo constitui a indicação mais certa da virtude ou vício de um homem.

Foi esse o teor do conselho que Dion e eu sempre demos a Dionísio. Considerando que a consequência do comporta-

---

96. Ou seja, os dois irmãos (Tearidas e Leptines) de Dionísio, o Velho.
97. Rei da Pérsia.

d mento de seu pai fora deixá-lo destituído de educação e de relacionamentos apropriados à sua posição, cabia-lhe, para começar, estabelecer uma meta: formar um outro círculo de amigos para si entre seus familiares e camaradas de idêntica faixa etária que com ele se harmonizassem em matéria de virtude; e, antes de tudo, conquistar essa harmonia no seu próprio íntimo, uma vez que nisso ele era surpreendentemente deficiente. Isso não foi expresso por nós abertamente, o que não teria sido seguro, mas o fizemos veladamente, sustentando por meio de discursos que esse era o procedimento pelo qual todo homem assegura, tanto para si mesmo quanto para todos os subordinados sob seu comando a preservação, ao passo que, se não adota tal procedimento produzirá efeitos
e completamente opostos. E que se adotasse o procedimento que indicávamos e se tornasse ele próprio sensato e detentor de autocontrole, então se ele se dispusesse a recolonizar as cidades devastadas da Sicília e a uni-las mediante leis e formas de governo, de modo a serem tanto suas aliadas quanto aliadas entre si contra os bárbaros, o resultado que obteria seria não meramente duplicar o império de seu pai, mas real-
333a mente multiplicá-lo muitas vezes; viesse isso a suceder, seria fácil submeter os cartagineses à escravidão de uma maneira muito mais expressiva do que tinham sido submetidos no tempo de Gelon,[98] ao passo que agora, pelo contrário, seu pai se submetia, mediante acordo, a pagar tributo aos bárbaros.

Tais foram o discurso e a exortação contidos no aconselhamento concedido por nós a Dionísio, nós que conspirávamos contra ele, a crer nos rumores que circulavam em muitos lugares, rumores que convenceram Dionísio a ponto de o leva-
b rem a exilar Dion e semear o medo entre nós. Então – para abreviar a longa história desse efêmero período – por ocasião do regresso de Dion do Peloponeso e de Atenas, ele ensinou a Dionísio uma lição por meio da ação [e não do discurso]. Todavia, tendo libertado os siracusanos e lhes restaurado

---

98. Gelon se tornou tirano de Gela por volta de 490 a.C. e logo depois conquistou Siracusa. Derrotou os cartagineses em 480 a.C.

duas vezes sua cidade, eles manifestaram, em relação a ele, o mesmo sentimento que Dionísio manifestara. De fato, quando Dion tentava ministrar-lhe educação e formação, para que se convertesse num rei digno do trono, que poderia compartilhar com ele pelo resto da vida de Dionísio, este se dispôs
c a dar ouvidos aos caluniadores, segundo os quais, tudo o que Dion realizava era de natureza conspiratória, visando a derrubar a tirania, seu plano consistindo em levar Dionísio, tornando-se a mente deste enfeitiçada pela educação, a descurar de seu império e confiá-lo a Dion, o qual, em seguida, se apoderaria dele e astuciosamente alijaria Dionísio do poder. Assim, pela segunda vez, suspeitas respaldadas em calúnias saíram vitoriosas junto aos siracusanos. Tal vitória, contudo, revelou-se uma extravagância e vergonhosa para aqueles que a tinham produzido.

Aqueles que insistem para que eu me ocupe dos negócios atuais devem ouvir o que sucedeu então. Eu, cidadão
d ateniense,[99] um amigo de Dion, aliado seu, dirigi-me ao tirano com a finalidade de gerar entre eles amizade em lugar de guerra. Nessa luta, porém, fui derrotado pelos caluniadores. A despeito disso, em seu intento de convencer-me a tomar seu partido, oferecendo-me honrarias e dinheiro, para que eu testemunhasse, na qualidade de seu amigo, favoravelmente em relação ao desterro de Dion, afirmando que fora apropriado, nisso Dionísio fracassou cabalmente. Posteriormente, Dion regressou à pátria, vindo de Atenas, acompanhado de dois ir-
e mãos, homens cuja amizade não era oriunda da filosofia, mas do companheirismo ordinário que é responsável pelo nascimento da maioria das amizades, as quais são desenvolvidas pela hospitalidade mútua e a iniciação aos Mistérios e aos Grandes Mistérios de Elêusis.[100]

Assim também ocorreu no caso desses dois amigos que o acompanharam de volta à pátria; foi em função disso e de-

---

99. ...Ἀθηναῖος ἀνὴρ... (*Athenaîos anèr*), literalmente homem de Atenas.
100. O autor se refere a dois níveis de iniciação, o do μυστής (*mystés*), primeira iniciação aos Pequenos Mistérios, e o do ἐποπής (*epoptés*), iniciação ao grau mais elevado dos Mistérios de Elêusis.

vido à assistência que lhe prestaram durante sua viagem de regresso à pátria que se converteram em seus companheiros. Entretanto, por ocasião da chegada deles à Sicília, ao ficarem cientes de que Dion era acusado caluniosamente perante os habitantes gregos da Sicília, aos quais libertara, de conspiração visando a se tornar tirano não só traíram aquele que era seu companheiro e hospedeiro, como igualmente se tornaram eles próprios, por assim dizer, seus assassinos indiretos, uma vez que se postaram próximos aos assassinos, munidos de armas e prontos para dar assistência a estes últimos. Quanto ao vergonhoso e ao sacrílego de sua ação, limito-me a mencioná-lo, não o desconsiderando, mas também não me estendendo acerca disso, já que há muitas pessoas que se incumbirão de relatar esse incidente a partir de agora e no futuro. Não posso me omitir, entretanto, no tocante ao que é dito sobre os atenienses, ou seja, que esses homens atraíram a vergonha para seu Estado, uma vez que foi também um ateniense[101] que se negou a trair esse mesmo homem quando, se o houvesse traído, teria podido locupletar-se de dinheiro e de muitas outras honras. O fato é que se tornara seu amigo não com base nos vínculos de uma amizade vulgar, mas com base numa associação que envolvia educação liberal, já que é exclusivamente nisso que alguém sensato deve depositar sua confiança, e não no parentesco ou afinidade relativamente à alma ou ao corpo. Isso me leva a concluir que os dois assassinos de Dion carecem de dignidade suficiente para atrair o descrédito ao nosso Estado, não tendo em ocasião alguma demonstrado ser homens de alguma importância.

Tudo isso foi dito aos amigos e parentes de Dion a título de aconselhamento. E acrescento um conselho que é repetido a vós, neste momento, pela terceira vez no terceiro lugar, o mesmo conselho de antes e idêntica doutrina. Não submetei a Sicília ou qualquer outro Estado a déspotas humanos, mas às leis – assim estabelece minha doutrina; de fato esse tipo

---

101. O autor se refere a si mesmo.

de escravização não beneficia nem àqueles que submetem à escravidão nem aos escravizados, quer eles próprios, quer seus filhos e os filhos de seus filhos; pelo contrário, tal tentativa é completamente destrutiva e aqueles que são afeitos a conquistar ganhos desse naipe são almas caracterizadas pela pequenez e a mesquinhez, ignorantes no que toca ao bem e à justiça, seja divina ou humana, quer agora, quer nos tempos vindouros. Empenhei-me inicialmente em primeiramente convencer disso Dion, em segundo lugar Dionísio, e agora, pela terceira vez, vós. Assim, persuadi-vos em nome de Zeus, terceiro salvador,[102] considerando inclusive Dionísio e Dion, o primeiro não tendo sido persuadido e vivendo agora vilmente, enquanto o segundo foi persuadido e morreu nobremente. É invariavelmente correto e nobre qualquer sofrimento que alguém venha a suportar na busca do que é o mais nobre para si e para seu Estado. Nenhum de nós é imortal e se qualquer indivíduo humano obtivesse a imortalidade, contrariamente ao que supõe o vulgo, não seria feliz, porque nenhum mal ou bem que mereçam ser mencionados dizem respeito ao que é destituído de alma, mas sim afetam-na, estando ela associada ou dissociada de um corpo. Cabe-nos conservar realmente a crença nas doutrinas antigas e sagradas, segundo as quais a alma é imortal e que comparecerá perante juízes e sofrerá as maiores punições quando dissociada do corpo; a conclusão é que devemos ter na conta de menor mal suportar os efeitos de grandes erros e injustiças do que ser a causa deles. Todavia, o homem que é aficionado da riqueza, mas pobre nas qualidades da alma, não dá ouvidos a essas doutrinas, ou se o faz delas zomba, ao pensar, dirigindo-lhes o escárnio, ao mesmo tempo que saqueia de todos os lugares tudo que considera provável, proporcionar-lhe, no seu comportamento animalesco, alimento, bebida ou a satisfação daquele prazer servil e desgracioso que é designado incorretamente segundo Afro-

---

102. ...Διὸς τρίτου σωτῆρος... (*Diòs trítoy sotêros*): era costume nos banquetes fazer uma libação a Zeus (no seu aspecto de Salvador ou Preservador) com a terceira taça.

dite;¹⁰³ ele acha-se cego e não consegue enxergar o fardo de mácula que resulta de seus saques, nem a gravidade de cada um dos males que está associado a cada ato injusto; trata-se de um fardo que, aquele que comete injustiças, arrasta necessariamente atrás de si tanto enquanto se move sobre a Terra

c quanto quando desce abaixo da terra,¹⁰⁴ numa jornada destituída de honra e inteiramente miserável em todos os aspectos.

Tentei persuadir Dion de doutrinas como essas e outras semelhantes e tenho todo o direito de estar indignado com seus assassinos, tanto quanto com Dionísio. De fato, tanto eles como este último causaram um extremo dano atingindo a mim e, poder-se-ia dizer, todo o resto da humanidade: os dois primeiros por darem cabo do homem que pretendia praticar a justiça, ao passo que o terceiro por se negar termi-

d nantemente a praticar a justiça, embora dispusesse de máximo poder em suas mãos para fazer com que ela predominasse em todo seu império. Mesmo que nesse império filosofia e poder realmente tivessem se unido numa mesma pessoa, isso teria se irradiado por todo o mundo grego e bárbaro, todos os seres humanos se imbuindo plenamente da genuína convicção de que nenhum Estado, bem como nenhum homem, jamais podem alcançar a felicidade a menos que vivam sob a justiça associada à sabedoria, não importa se tais virtudes existam no interior desse Estado ou desse homem, ou se foram o produto de correto treinamento e correta educação, ministrados por governantes devotos empregando seus meios. Foram esses

e os danos provocados por Dionísio, comparados aos quais eu estimaria os outros danos que produziu como insignificantes. E aquele que matou Dion está insciente de que produziu o mesmo efeito que Dionísio. No que respeita a Dion, eu o sei com clareza, dentro da possibilidade de que dispõe um ser

---

103. Isto é, ἀφροδίσιον (*aphrodísion*): a referência é às relações sexuais, já que Afrodite é a deusa olímpica da beleza feminina e da vida amorosa, ou seja, erótica. Cf. *Fédon*, 81b. [Obra publicada pela Edipro em *Diálogos III*, 2015. (N.E.)]

104. O Hades, mundo dos mortos, para onde vão as almas, após a separação do corpo, é *subterrâneo*.

humano de falar de um outro, que se conquistasse o poder do império, em seu governo só adotaria as seguintes medidas baseadas sempre num único princípio: depois de, para começar, promover o bem-estar em Siracusa, sua própria pátria, limpando-a pela supressão dos grilhões da escravidão e instalando-a na liberdade, ele teria se empenhado a seguir, lançando mão de todo recurso possível, em organizar os cidadãos mediante leis adequadas da melhor qualidade. Na próxima etapa, ele se esforçaria maximamente na tarefa de colonizar toda a Sicília e libertá-la dos bárbaros, expulsando parte deles e subjugando outros, algo que teria podido realizar com maior facilidade do que o realizara Hierão.[105] E se essas ações houvessem sido executadas por um homem que fosse justo, corajoso, dotado de autocontrole e amante da sabedoria, a maioria dos indivíduos teria formado a mesma opinião acerca da virtude que, por seu turno, teria prevalecido, estamos facultados a afirmá-lo, no mundo inteiro, se Dionísio tivesse dado ouvidos a mim, o que teria assegurado a preservação de todos. Entretanto, tal como sucede agora, é como se alguma divindade ou *dáimon* vingador nos atacasse e, pelo desacato das leis e dos deuses, e, sobretudo, dos atos de temeridade da ignorância – ignorância que é o solo onde fincam raízes e se desenvolvem todos os males que resultam num fruto amargo para aqueles que realizaram o plantio – pela segunda vez fizessem frustrar nossos planos e aniquilassem tudo.

Contudo, nessa terceira oportunidade, procuremos nada dizer de mau agouro. Apesar de tudo, aconselho a vós, amigos de Dion, a imitá-lo em sua dedicação pela pátria e na sua maneira sóbria de viver; e vos empenhar, sob melhores auspícios, em levar adiante a realização de seus projetos; quanto a quais são esses projetos, ouvistes claramente minhas explicações. Se acontecer, entretanto, de qualquer um entre vós se mostrar incapaz de viver conforme a maneira dórica de seus ancestrais e vier a adotar o jeito siciliano de viver e o dos assassinos de Dion, não solicitais dele ajuda, nem imaginai que poderá al-

---

105. Tirano de Siracusa de 478 a 466 a.C.

gum dia agir de maneira leal ou confiável; porém, no que diz respeito a todos os outros, deveis convocá-los para colaborar convosco na tarefa de repovoar toda a Sicília e para esta promulgar leis em igualdade, convocando-os não só da própria Sicília como também de todo o Peloponeso, não alimentando apreensões mesmo em relação a Atenas, pois também em Atenas há quem seja, entre todos os seres humanos, preeminente em matéria de virtude e que abomina o atrevimento impudente de homens que assassinam seus hospedeiros. Todavia, supondo que esses projetos tenham que ser adiados, estando vós e atualmente pressionados por conflitos contínuos que eclodem todo dia entre as muitas e variadas facções em vosso meio, então, qualquer homem ao qual os deuses hajam concedido uma pequena porção de opinião correta, deve certamente se tornar ciente de que é impossível haver um fim para os conflitos entre facções, enquanto aqueles que se sagraram vitoriosos nessas lutas e conquistaram a supremacia não pararem com suas hostilidades realizando ataques, ordenando exílios e 337a execuções, e cessarem sua campanha de vingança contra seus inimigos. Se conseguirem exercer o controle sobre si mesmos e promulgarem leis para o bem comum, concebidas e moldadas para satisfazerem tanto os seus próprios interesses quanto os dos vencidos, a facção derrotada será compelida a acatar essas leis sob a ação de duas forças, o respeito e o medo: medo na medida em que taxativamente evidenciam que são superiores em força ao partido derrotado, e respeito na medida em que se mostram [também] superiores na sua postura, em relação aos prazeres [,subjugando seus desejos,] e na maior prontidão e capacidade, no sentido de se submeterem b às leis. É impossível haver uma outra forma de um Estado, dilacerado internamente por facções, livrar-se dos males; a cisão, a animosidade, o ódio e a suspeita costumam perpetuar-se em Estados que apresentam essa situação intestina.

Toda vez, portanto, que os vencedores desejarem assegurar a preservação, deverão sempre selecionar no seu meio homens de ascendência grega que, mediante investigação,

descobriram ser os melhores – homens que, para começar, sejam velhos, tenham esposas e filhos em casa e que descendam de uma longa linhagem de numerosos antepassados, que se destacaram como homens maximamente bons e ilustres, na medida do possível, e que tenham grandes propriedades.
c Cinquenta homens com essas qualificações bastariam para um Estado com dez mil habitantes.[106] Esses homens deveriam ser por eles induzidos, à força de súplicas e da concessão das maiores honras possíveis, a deixar suas casas e ajudá-los na criação de leis, isso sob o juramento de não concederem vantagens a vencedores ou a vencidos, mas considerarem apenas o bem-estar comum com direitos iguais para todo o Estado. Uma vez promulgadas as leis, tudo depende do seguinte: se os vencedores se revelarem mais interessados que os vencidos
d em se submeterem às leis, tudo caminhará rumo à segurança e à felicidade e todos os males serão evitados; mas se os fatos vierem revelar da parte deles o comportamento contrário, que não se convoque a mim ou qualquer outra pessoa para dar apoio a quem se recusa a acatar as determinações em pauta. Esse procedimento se aparenta estreitamente àquele que Dion e eu procuramos juntos implantar para o bem de Siracusa, a despeito de ser somente o segundo melhor; o primeiro, realmente, foi aquele que procuramos, pela primeira vez, implantar com o auxílio do próprio Dionísio, um projeto que teria beneficiado a todos igualmente se não houvesse acontecido de algum acaso, mais poderoso do que os seres humanos, o ter frustrado. Atualmente, contudo, cabe a vós tentar implantá-
e -los atingindo melhor resultado, com o favorecimento divino e a boa sorte vos apoiando.

Que baste isso, a título de meu aconselhamento, minha advertência e no que se refere à narrativa de minha primeira visita a Dionísio. Na sequência, aquele que estiver interessado poderá ficar atento para a narrativa de minha viagem por mar, feita posteriormente, e constatar quão racional e harmoniosamente ocorreu. O período inicial de minha primeira estada

---

106. Cf. Livro VI de *As Leis*. [Obra publicada pela Edipro em 2010. (N.E.)]

338a na Sicília transcorreu conforme expus antes de proporcionar aconselhamento aos familiares e amigos de Dion. Eis o que ocorreu na sequência: insisti com Dionísio, empenhando nisso todos meus esforços, para que permitisse minha partida, e combinamos que quando a paz fosse restaurada – naquela época havia guerra na Sicília – e quando Dionísio tivesse transmitido mais segurança ao seu império, ele convocaria Dion e a mim para que regressássemos.[107] Ele, inclusive, solicitou a Dion que considerasse sua atual situação não como
b exílio, mas sim como um afastamento, uma mudança de domicílio.[108] Diante dessas condições, prometi que retornaria. Com a restauração da paz, ele se pôs a me convocar, mas pediu a Dion que aguardasse mais um ano, embora se conservasse me convocando com extrema insistência. Dion, então, de sua parte, se pôs a insistir e mesmo a suplicar que eu empreendesse aquela viagem; a razão da persistente insistência de Dion suplicando-me que não desobedecesse à convocação de Dionísio, era na verdade a profusão de constantes rumores procedentes da Sicília, segundo os quais Dionísio voltara a nutrir um extraordinário desejo em relação à filosofia. Não que eu,
c evidentemente, não estivesse ciente de que isso acontece com frequência com os jovens no que se refere à filosofia, mas, a despeito disso, julguei mais seguro, ao menos de momento, evitar tanto Dion quanto Dionísio. Assim, respondi a ambos, irritando-os, que eu estava velho e que nada que estava sendo feito agora se harmonizava com o que fora combinado.

Ora, parece que, depois desse episódio, Árquitas[109] fez uma visita a Dionísio, pois antes de minha partida eu conseguira estabelecer vínculos de amizade e de hospitalidade

---

107. Cf. Carta III, 317a.
108. O exílio ou desterro, entre os antigos gregos, constituía uma punição muito mais severa e adversa do que o ostracismo ou o mero banimento, pois determinava, além da desonra ou ignomínia, a suspensão de direitos civis, políticos, o confisco de propriedades e até a perda do direito a um sepultamento na terra natal, segundo os rituais religiosos apropriados. Geralmente era considerado pior do que a sentença de morte.
109. Árquitas de Tarento, sábio e político. Cf. 350a na sequência e Carta XIII, 360c.

ligando Árquitas e seus amigos tarentinos e Dionísio; que se acresça a isso que havia em Siracusa certos outros indivíduos que tinham obtido alguma instrução de Dion, a se somarem a outros que haviam aprendido com esses últimos; e repletos de algumas doutrinas filosóficas, por assim dizer não assimiladas em primeira mão, tentaram discutir com Dionísio supondo que ele detinha pleno domínio de meu pensamento. Bem, além de ser naturalmente dotado de uma capacidade para o aprendizado, ele alimenta uma espantosa ambição pela glória. É provável, portanto, que o que era dito o tenha agradado e ele se sentisse envergonhado por ter que constatar que nada aprendera enquanto eu estivera no país; consequentemente, tornou-se presa do desejo de obter uma compreensão mais explícita de minhas doutrinas, ao mesmo tempo que era estimulado por sua ambição de glória. Já explicamos há pouco por que não ouvira minhas lições por ocasião de minha estada anterior [em Siracusa].[110] Desse modo, quando voltei com segurança para casa e ignorei sua segunda convocação, como o afirmei há pouco, creio que Dionísio, em virtude de sua ambição pela glória, sentiu-se temeroso de que alguém viesse a imaginar que o motivo de minha atitude descortês e da recusa, quanto a retornar, era o desprezo que eu experimentava por sua natureza e disposição, somado ao que presenciara de seu modo de vida.

Ora, é justo que eu conte a verdade e que nela persevere, caso alguém, depois de ouvir o que sucedeu, passe afinal a menosprezar minha filosofia e considere que o tirano exibiu inteligência. De fato, nessa terceira ocasião, Dionísio enviou uma trirreme para buscar-me, pretendendo com isso assegurar meu conforto durante a viagem, além do que, entre outros meus conhecidos sicilianos, enviou Arquedemos, um dos parceiros de Árquitas, na convicção de que se tratava de um homem que eu valorizava acima de qualquer outro na Sicília. E todos me relatavam o mesmo, ou seja, de como Dionísio fazia admiráveis progressos na filosofia. Estando ciente acerca de meus

---

110. Em 330b.

sentimentos relativamente a Dion e acerca do desejo intenso deste de eu realizar aquela viagem e me dirigir a Siracusa, ele me mandava uma carta certamente de enorme extensão, composta evidentemente no sentido de explorar essas circunstâncias, e que principiava aproximadamente nos seguintes termos: "Dionísio a Platão", seguido das costumeiras saudações,

c depois do que, sem quaisquer preliminares, ele prosseguia: "Se foste convencido por nós e vieres agora para a Sicília, começarás por ver os negócios relativos a Dion caminhando da maneira que tu próprio desejares – e como sei, desejarás o que é de justa medida – com o que consentirei; caso contrário, nenhum dos negócios de Dion, sejam eles de caráter pessoal, ou digam eles respeito a qualquer outra coisa, irão caminhar no sentido de atender à tua satisfação." No que tange a esse assunto, eram essas suas palavras; quanto ao resto, sua trans-

d crição aqui seria tediosa e irrelevante. Outras cartas passaram a chegar às minhas mãos, de maneira contínua, tendo como remetentes Árquitas e os tarentinos, elogiando a filosofia de Dionísio e declarando que, se eu não partisse agora, levaria à ruptura a amizade deles com Dionísio, a mesma amizade que eu mesmo produzira, a qual não era de pouca importância política. No momento em que as convocações destinadas a mim assumiram esse caráter, no momento em que sicilianos e italianos, de um lado, por assim dizer, arrastavam-me, enquanto os atenienses, por outro, literalmente me empurravam para fora pela força de seus rogos, acudiu-me novamente o

e mesmo argumento, a saber, que constituía meu dever não trair Dion, e tampouco meus hospedeiros e camaradas de Tarento. E, ademais, pensei comigo mesmo que não seria de se surpreender que um ser humano jovem, dotado de aptidão para o aprendizado, alcançasse um amor pela vida melhor se a ele fossem ministradas lições sobre assuntos elevados. Assim, a mim se afigurava como obrigação apurar claramente qual era a situação, e de modo algum me esquivar antecipadamente, nem me expor a uma recriminação verdadeiramente grave se

340a acontecesse de haver verdade no teor de qualquer um daqueles rumores.

Assim, recorrendo a esse raciocínio como de uma cobertura eu parti, ainda que certamente assaltado por muitos receios e pressentimentos negativos, o que era bem compreensível. Entretanto, quando cheguei [a Siracusa] pela terceira vez, encontrei realmente uma conjuntura de "a terceira para o salvador",[111] pois guiado pela boa sorte regressei novamente com segurança; por isso, depois do deus, devo agradecer a Dionísio, ao constatar que, quando muitos se dispunham a matar-me, ele os impediu e mostrou, nas suas relações comigo, um certo respeito. Julguei, ao chegar, que minha primeira tarefa era assegurar-me se Dionísio realmente estava inflamado em relação à filosofia, ou se os muitos e contínuos relatos que chegavam a Atenas não passavam de rumores sem fundamento. Ora, no que toca a isso, há um modo de testá-lo que é digno e realmente adequado, quando aplicado a tiranos, sobretudo no caso daqueles cujas mentes estão repletas de doutrinas que não foram assimiladas em primeira mão, o que certamente fora o que acontecera a Dionísio, como pude notar imediatamente quando cheguei. A pessoas como ele é preciso indicar qual é o assunto como um todo, qual é o seu caráter, quantas dificuldades acarreta e quanto trabalho envolve. Ao ouvir isso, o verdadeiro amante da sabedoria, que tem afinidade com o assunto e é digno dele, pois detentor de um dom divino, pensa que lhe foi indicada uma senda maravilhosa e que deve imediatamente começar a trilhá-la com todo o empenho, sem o que a vida não merecerá mais ser vivida. A partir desse instante ele passará a esforçar-se intensamente, ao mesmo tempo que estimulará incessantemente aquele que o guia na senda até atingir a meta de seus estudos ou se capacitar a orientar seus próprios passos sem a ajuda de um guia. Essa é a disposição de espírito na qual vive esse estudante; não importa quais sejam suas ocupações, acima de tudo o mais, e sempre ele se prende com firmeza à filosofia e a uma disciplina diária, que o torne da melhor forma apto a aprender, reter o que aprende e que o capacite a refletir consigo mesmo de maneira sóbria. Por outro lado, ele abomina continuamen-

---

111. Cf. 334d.

te o modo de vida que se opõe a este. Quanto aos que não são, na realidade, amantes da sabedoria, mas que se cobrem apenas de uma camada superficial de opiniões, como indivíduos cujos corpos são tão só bronzeados pelo sol, ao darem conta da quantidade de estudos necessária e a magnitude do trabalho, e quão ordenadas suas vidas, dia após dia, terão que ser, a fim de se ajustarem ao objeto de sua meta, avaliam-no como difícil, se não impossível, para eles; o resultado é que de fato se tornam incapacitados para empreender tal busca, isso embora alguns deles convençam a si mesmos de que obtiveram suficiente instrução no que se refere ao assunto como um todo, o que os dispensa de continuar com seus esforços.

Bem, esse teste se revela como o mais transparente e infalível com os indivíduos indolentes e incapazes de trabalho árduo, porque impede que qualquer um deles venha, algum dia, culpar o próprio mestre, obrigando-o sim a responsabilizar a si mesmo e à sua própria incapacidade de realizar todos os estudos exigidos pelo empreendimento.

Foi esse, portanto, o teor do que naquela oportunidade eu disse a Dionísio. Todavia, não lhe expliquei tudo, nem me solicitou Dionísio que o fizesse, uma vez que afirmava que já tinha conhecimento de muitos dos pontos mais importantes, estando suficientemente instruído devido ao que ouvira de outros. Ouvi falar inclusive que, posteriormente, ele próprio escreveu um tratado abordando as matérias sobre as quais o instruí naquela época, compondo-o como se seu conteúdo fosse sua própria criação e inteiramente distinto do que ouvira, mas nada sei no que se refere a tudo isso. O que sei é que certos outros [indivíduos] escreveram acerca desses mesmos assuntos; quem eles são, contudo, sequer eles próprios o sabem. Tudo que certamente posso dizer é que, em relação a quem escreveu ou pretende escrever acerca dessas matérias, e que se arvora conhecedor das matérias que constituem objeto de meu sério estudo, quer as tenham aprendido na qualidade de meus ouvintes, quer o tenham feito como ouvintes de outros, quer hajam realizado suas próprias descobertas, é impossível – segundo minha opinião – que possuam qualquer entendimento desse assunto. Não há e, tampouco, jamais haverá algum escrito de minha autoria que trate de tal coisa, visto que não é passível de verbalização como outros estudos, mas, na condição de um produto da prolongada aplicação conjunta [de mestre e discípulo] é gerada na alma de súbito, como a luz que cintila quando uma fogueira é acesa, alimentando em seguida a si mesma. E também estou certo de que, a despeito disso, na hipótese dessas matérias serem expostas por escrito ou em palestras, sua melhor exposição seria a minha; e se forem mal expostas por escrito, serei eu o maior prejudicado. Se eu houvesse pensado que esses assuntos deveriam ser plenamente expostos sob forma escrita à multidão, que tarefa mais nobre poderia eu executar em minha vida do que escrever algo de tão grande benefício para a humanidade e trazer à luz a natureza das coisas para todos? Contudo, penso que se empreendesse essa tarefa, não se revelaria benéfica para os seres humanos, salvo para alguns poucos que, mediante mínima orientação, são capazes de descobrir a verdade por si próprios; quanto aos demais, alguns se encheriam de maneira sumamente inconveniente de um desdém equívoco, ao passo que outros de uma expectativa exagerada e vã, como se houvessem aprendido algo grandioso.

No que diz respeito a essas matérias, preocupo-me em discorrer de modo mais extensivo, porquanto o fazendo o assunto de que me ocupo talvez se mostre mais claro. Há de fato um argumento verdadeiro que confronta aquele que se arrisca a escrever qualquer coisa em torno desses assuntos, argumento que, embora por mim indicado amiúde no passado, parece exigir agora ser novamente enunciado.

Todo *ser*[112] requer necessariamente três coisas para que seu conhecimento seja obtido; o conhecimento é a quarta coisa, enquanto como quinta devemos postular o próprio objeto que é cognoscível e verdadeiro. Em primeiro lugar vem o *nome*,[113]

---

112. ...τῶν ὄντων... (*tôn ónton*), *toda coisa que é (existe)*.
113. ...ὄνομα... (*ónoma*).

b   em segundo a *definição*,[114] em terceiro a *imagem*,[115] em quarto o *conhecimento*.[116] Se, portanto, quereis atinar com o que estou dizendo agora, tomai um exemplo particular e pensai todos os outros objetos analogamente a ele. Há um objeto chamado círculo, que possui, como seu nome, essa palavra que acabamos de indicar; em segundo lugar, ele possui uma definição constituída por nomes e verbos, uma vez que "aquilo que é em todo lugar equidistante das extremidades com referência ao centro" é a definição desse objeto ao qual se
c   aplicam os nomes *redondo*,[117] *esférico* e *círculo*. Em terceiro lugar, está o que retratamos e apagamos, e que é torneado e que é destruído; entretanto, o próprio círculo, ao qual todas elas se referem, não sofre nenhuma dessas ações porque é delas distinto. Em quarto lugar, estão o conhecimento, a inteligência e a opinião verdadeira (relativamente a esses objetos), que devemos assumir como formadores de um único todo, o qual é inexistente na articulação da voz ou nas formas corpóreas, existindo apenas nas almas, do que se infere que evidentemente distingue-se, tanto da natureza do próprio círculo quanto dos três anteriormente indicados. E destes, a inteligência se aproxima o mais estreitamente em termos de
d   parentesco e semelhança do quinto, ao passo que os demais são distanciados.

O mesmo se aplica igualmente às figuras de linha reta e circulares, à cor, ao bom, ao belo e ao justo, bem como a todos os corpos, sejam estes artificiais ou naturais, como o fogo, a água e todos os elementos desse tipo, assim como a todos os seres vivos, e a todas as ações e paixões morais no interior das almas. De fato, a menos que alguém, de algum
e   modo, apreenda essas quatro coisas, jamais alcançará completamente o conhecimento da quinta. Ademais, essas coisas,

---

114. ...λόγος... (*lógos*).
115. ...εἴδωλον... (*eídolon*).
116. ...ἐπιστήμη... (*epistéme*).
117. Cf. definição de redondo em *Parmênides*, 137e. A definição de redondo também se acha em *Timeu*, 33b.

devido à debilidade da linguagem, tanto procuram expressar a propriedade particular de cada objeto quanto o seu ser; por conta disso, nenhum indivíduo sensato irá arriscar exprimir os conceitos de sua razão mediante a linguagem, particularmente quando é inalterável, como ocorre com aquilo que é formulado na forma escrita.

343a

Todavia, aqui convém aprender mais o significado disso. Todos os círculos que são traçados na prática ou que são torneados estão repletos daquilo que se opõe à quinta [coisa], uma vez que em contato com a linha reta em todo lugar, enquanto o círculo, ele mesmo, como dissemos, não possui em si a mais ínfima porção pertencente à natureza oposta. E dizemos que nenhum deles possui nome fixo, não havendo razão alguma que nos impeça de chamar aquilo que chamamos agora de redondo, de reto, e este de redondo; e mesmo que as pessoas alternem os nomes e os utilizem num sentido oposto não descobrirão neles fixidez.[118] Ademais, o mesmo discurso vale também para a definição, já que sendo ela uma combinação de nomes e verbos, em nenhuma situação possui fixidez com suficiente firmeza. E assim é com cada um dos quatro, sua inexatidão sendo um assunto infindável; mas, como mencionado há pouco, o ponto mais importante é o seguinte: que embora haja duas coisas distintas, ou seja, o ser e a qualidade, buscando a alma não conhecer a qualidade, mas o ser, cada um desses quatro apresenta à alma, por meio de discurso e obras concretas, aquilo que não é por ela buscado; e tornando assim fácil refutar pela percepção sensorial, cada objeto descrito ou exibido, o resultado é encher praticamente todos os homens de perplexidade e obscuridade. Com referência, contudo, àquelas outras matérias cuja verdade – em função de nosso mau treinamento – não costumamos buscar, satisfazendo-nos com as imagens que são oferecidas, aqueles entre nós que podem responder sem se tornar ridículos diante dos que perguntam são capazes de decompor e refutar

b

c

d

---

118. Quanto ao caráter não natural, mas convencional dos nomes, ver o *Crátilo**, especialmente a posição de Hermógenes em 384d-e.
*. Obra publicada pela Edipro em *Diálogos VI*, 2016. (N.E.)

as *quatro*.¹¹⁹ Entretanto, na totalidade dos casos em que compelimos alguém a apresentar a *quinta*¹²⁰ como sua resposta e explicá-la, qualquer pessoa capacitada que desejar refutar o argumento levará vantagem, fazendo aquele que estiver expondo uma doutrina mediante discurso oral, palavra escrita ou respondendo perguntas, parecer à maioria de seus ouvintes completamente ignorante dos assuntos sobre os quais procura escrever ou falar; de fato, ignoram, por vezes, que não é a alma do escritor ou discursador que está sendo submetida à refutação, mas sim a natureza de cada uma das *quatro*, a qual é essencialmente deficiente. É, porém, o estudo reiterado de todos esses estágios, na sua alternância, de maneira ascendente e descendente que, com dificuldade, gera o conhecimento, isso quando o indivíduo, em semelhança ao seu objeto, é naturalmente bom; mas caso sua natureza seja viciosa (e efetivamente a condição das almas da maioria dos indivíduos, do prisma do aprendizado e do ético, é naturalmente ruim ou de algum modo corrompida), nem mesmo Linceu¹²¹ seria capaz de levar esse indivíduo a ver.¹²² Em síntese, nem receptividade no aprendizado nem memória criarão conhecimento em alguém que não possui afinidade com o objeto, visto que ele¹²³ não germina em natureza estranha; portanto, nem aqueles destituídos de propensão e afinidades naturais para com o que é justo e para com tudo o mais que é nobre, ainda que receptivos no aprendizado e dotados de memória de

---

119. Cf. 342b.
120. Ou seja, o próprio objeto cognoscível e verdadeiro: cf. 342b.
121. Na mitologia um dos Argonautas, irmão de Idas e notório por sua faculdade visual extraordinária, que lhe permitia ver inclusive através da terra. O posto de Linceu no Argos era precisamente o de vigia no alto da enorme embarcação.
122. ...ἰδεῖν... (*ideîn*): o autor utiliza aqui, na sua analogia com a visão agudíssima de Linceu, o verbo εἴδω (*eído*), mas o sentido da palavra contemplado aqui parece mais figurado do que literal, isto é, não propriamente *ver corporeamente por meio do sentido da visão*, mas *representar em espírito ou pensamento* o que se vincula ao processo de apreensão ou aquisição de conhecimento mediante o aprendizado.
123. Ou seja, o conhecimento.

diversos modos no que toca a outras coisas, nem aqueles a quem não falta essa afinidade, mas aos quais faltam receptividade e memória – nenhum desses, jamais aprenderá, na sua máxima extensão possível, a verdade no que se refere à virtude, e mesmo no que se refere ao vício. De fato, o aprendizado disso exige simultaneamente a *compreensão* do falso e do verdadeiro no que se refere a todo o *ser*[124] pela prolongada e laboriosa investigação, tal como afirmei no começo; e é graças ao exame dessas coisas (nomes e definições, percepções visuais e outras percepções sensoriais), no cotejamento delas entre si, testando-as de boa vontade e formulando questões e respostas isentas de maledicência – é somente graças a esses meios que irrompe a luz da inteligência e do saber no que tange a cada objeto presente no espírito daquele que lança mão de todo esforço de que o ser humano é capaz.

É por isso que todo homem sério, ao se ocupar de temas realmente sérios, esquiva-se a registrá-los por escrito, com o receio de, com isso, expô-los ao perigo de se tornarem presa da maledicência e da perplexidade dos seres humanos. Em resumo, concluímos que, quando pousamos o olhar em algo escrito, seja seu teor as leis de um legislador ou qualquer outro teor, certamente, na hipótese de se tratar de um autor efetivamente sério, não temos diante de nós o que há de mais sério desse autor que, em lugar disso, está armazenado *na mais nobre região que ele possui*.[125] Se, todavia, é isso realmente o que há dele de sério, e registrado sob forma escrita, é porque homens e não deuses "fizeram que perdesses seu juízo".[126]

Assim, todo aquele que me acompanhou nessa narrativa e digressão compreenderá muito bem que, não importa se foi Dionísio ou qualquer outro homem de menor ou maior capacidade do que ele que registrou por escrito algo acerca dos mais elevados e primordiais princípios da natureza, nada que

---

124. ...οὐσίας... (*oysías*).
125. Alusão à cabeça (κεφαλή [*kephalé*]). Cf. *Timeu*, 44d.
126. O autor cita Homero. O verso completo que aparece na *Ilíada* (Canto VII, 360, e Canto XII, 234) é "é que os deuses do Olimpo fizeram que perdesses o juízo."

escreveu, conforme indica meu argumento, conta com o fundamento de um ensinamento ou estudo sólido; se assim não fosse, ele teria respeitado esses princípios como eu os respeito, não se atrevendo a dar-lhes uma publicidade inconveniente e degradante. Tampouco ele os teria registrado por escrito a título de auxílio para a memória, pois nenhum perigo há de serem condenados ao esquecimento, uma vez já apreendidos pela alma, visto que ocupam o mais ínfimo espaço possível.[127] Pelo contrário, afinal se o escreveu foi no intuito de satisfazer sua vil ambição pela glória, ou divulgando as doutrinas como se fossem de sua própria concepção, ou mostrando que partilhou de uma cultura de que era absolutamente indigno, já que só era dela aficionado por causa da fama que sua posse lhe conferia. Bem, se esse foi o efeito que em Dionísio exerceu nossa única conversação, de que modo ocorreu tal resultado, como diz o tebano, "Zeus o sabe";[128] de fato, como eu o afirmei, expliquei a matéria a ele numa única ocasião, jamais o fazendo novamente.

Caso alguém esteja interessado em apurar como as coisas sucederam realmente, do modo que sucederam no tocante a esse assunto, deverá examinar a razão de não havermos explicado nossa doutrina uma segunda vez, uma terceira, ou ainda com maior frequência. Imaginaria Dionísio, depois de ouvir-me uma só vez, que já possui entendimento suficiente e adequado, ou depois de fazer suas próprias investigações, ou depois de receber instrução de outros? Ou consideraria meus ensinamentos sem valor? Ou, a título de terceira possibilidade, julgaria esses ensinamentos como estando além de sua capacidade, tendo a si realmente como incapaz de conduzir uma vida que fosse devotada à sabedoria e à virtude? Se considerar meus ensinamentos destituídos de valor, se colocará em conflito com muitos testemunhos que expressam o oposto e que são de homens muito provavelmente sumamente

---

127. Este trecho faz ecoar, sobretudo, considerações contidas em *Fedro*, 275e-d.
128. ...ἴττω Ζεύς... (*itto Zeýs*): o autor supostamente se refere ao *Fédon*, 62a, onde o tebano Cebes emprega ἴττω (*itto*) em lugar de ἴστω (*isto*).

mais competentes para julgar isso do que Dionísio. Por outro lado, se ele sustentar que atinou com essas doutrinas mediante investigação própria ou instrução de outros e admitir que são valiosas para a educação liberal da alma, como poderia – a menos que fosse uma pessoa extraordinária – ter tratado a maior autoridade nessas matérias[129] com tal cabal desrespeito? Foi o que fez e relatarei a vós como o fez.

Aconteceu não muito depois desse incidente que, embora houvesse ele antes permitido a Dion que se conservasse de posse de sua propriedade e fruísse da renda desta, deixou então de permitir que os administradores dos bens de Dion enviassem qualquer coisa mais ao Peloponeso, como se tivesse esquecido completamente o teor de sua carta, e alegando que tal propriedade não pertencia a Dion, mas ao filho deste, seu próprio sobrinho,[130] do qual ele era legalmente o tutor. Nesse curto período até esse ponto, foram essas suas ações; e diante delas percebi, com clareza, que tipo de desejo Dionísio nutria pela filosofia; ademais, independentemente de querê-lo ou não, não me faltavam boas razões para ficar indignado. De fato já era verão, tempo para os navios içarem velas e partirem. Embora julgasse que não devia ficar mais zangado com Dionísio do que comigo mesmo e com as pessoas que me haviam forçado a rumar pela terceira vez pelo estreito próximo a Sila,

...*novamente compelido a atravessar a funesta Caríbdis...*[131]

...tinha que dizer a Dionísio que era impossível, para mim, continuar minha estada agora que Dion fora tratado de maneira tão insultuosa. Ele tentou me dissuadir e chegou a implorar que permanecesse [na cidade], uma vez que pensava que não ficaria bem para ele a minha partida imediata para divulgar pessoalmente tais notícias; ao não obter êxito em persuadir-me, prometeu ocupar-se ele próprio dos preparativos para minha partida. De fato, movido por minha raiva,

---

129. Ou seja, Platão.
130. Ou seja, dele, Dionísio.
131. Homero, *Odisseia,* Canto XII, 428.

dispunha-me a embarcar nos navios mercantes e arcar com as consequências de ser detido, já que era evidente que eu nada fazia de errado, mas que sofria em função do erro alheio. Percebendo que nada me inclinava a ficar, concebeu um artifício que visava a assegurar minha permanência durante o período em que os navios podiam içar velas e partir. No dia seguinte, visitou-me e dirigiu-me um discurso persuasivo, a

b saber: "Eu e tu," disse, "temos que tirar Dion e os negócios de Dion de nosso caminho, com o que cessaremos com nossos frequentes desentendimentos por causa deles. E isso," disse, "é o que, por tua causa, realizarei para Dion. Permitirei que tenha sua propriedade e que resida no Peloponeso não como um exilado, mas tendo o direito de voltar a este país sempre que for do entendimento comum entre ele, eu, tu, seus amigos. Tudo isso sob a condição de não conspirar contra mim; e tu, teus parentes[132] e aqueles de Dion aqui serão meus fiadores para o cumprimento dessa condição, cabendo a ele

c conceder-vos compromisso de boa-fé. E que todos os bens por ele tomados sejam depositados no Peloponeso[133] e em Atenas com as pessoas que julgares aptas para isso; Dion fruirá da renda proveniente desses bens, mas não poderá sacar o principal sem teu consentimento, pois não confio em absoluto que venha a agir justamente comigo se tiver o poder de empregar todos esses recursos, que representarão muito dinheiro; deposito maior confiança em ti e nos teus. Considera se essa proposta te agrada e, em caso afirmativo, permanece aqui segundo esses termos este ano; e com a

d chegada da próxima estação, parte com esse dinheiro dele. E estou certo de que Dion se mostrará sumamente grato a ti se realizares este acordo no interesse dele."

Fiquei irritado ao ouvir esse discurso. Entretanto, respondi-lhe que pensaria a respeito e lhe comunicaria minha decisão no dia seguinte, com o que concordamos ambos. Mais tarde,

---

132. Sabe-se que Platão, nessa visita a Siracusa, foi acompanhado de seu sobrinho Espeusipo e de Xenócrates.

133. A grande península helênica, onde estavam situadas cidades-Estado gregas importantes como Esparta, Argos, Micena e Messênia.

sozinho em meus aposentos e ponderando sobre o assunto, encontrei-me muito perturbado. De qualquer modo, em meio a minha deliberação a ponderação dominante era a seguinte: "Ora, supõe que Dionísio não pretende cumprir nenhuma de suas promessas, e que após minha partida [neste momento] remeta uma persuasiva mensagem a Dion, de seu próprio punho e encarregando também amigos de Dion para que o façam, informando-o sobre a proposta que acaba de me apresentar e de como, apesar de seu desejo, eu me neguei a atender sua solicitação, demonstrando completa indiferença relativamente aos negócios de Dion; além disso, supõe que não está mais disposto a me mandar embora ordenando pessoalmente a algum comandante de navio que me receba a bordo, ao mesmo tempo que, como poderia facilmente fazer, deixa patente a todos eles que não deseja que eu embarque e parta. Nessas condições, aceitar-me-ia qualquer comandante como passageiro, mesmo que eu conseguisse sair do palácio de Dionísio?" (De fato, a se somar aos demais infortúnios de minha situação, eu estava alojado no horto adjunto à sua residência, do qual o vigia não permitiria que eu saísse sem uma ordem expressa a ele enviada por Dionísio.) "Em contrapartida, se me mantenho aqui este ano, poderei escrever a Dion colocando-o a par da posição que assumi e de quais são minhas ações; e caso Dionísio viesse a realmente cumprir alguma de suas promessas, não terei agido de maneira inteiramente ridícula, posto que a riqueza de Dion, se corretamente estimada, alcança provavelmente a cifra de cem talentos;[134] por outro lado, se os acontecimentos agora vagamente ameaçadores se concretizam do modo aparentemente provável, estarei perdido quanto a que rumo tomar. O fato, pelo que parece, é que é provavelmente necessário que eu suporte mais um ano de esforço penoso e trabalho árduo, objetivando a testar na prática os esquemas artificiosos de Dionísio."

---

134. O talento representava um valor em ouro ou prata variável dependendo do Estado grego ou da época. De qualquer modo, o autor está se referindo a uma quantia muito elevada ao dizer *cem talentos*.

Tomada essa decisão, disse a Dionísio no dia seguinte: "Decidi-me pela permanência. Solicito, contudo," eu disse, "que não me consideres como alguém que tem autoridade sobre Dion. Assim, enviemos a ele uma carta assinada por nós dois, na qual explicaremos o que acabamos de combinar, indagando-lhe se isso o satisfaz; e que caso não o satisfaça, reivindicando ele diferentes cláusulas nesse acordo, que nos escreva imediatamente. E até isso acontecer, solicito-te que não tomes mais nenhuma medida com respeito aos negócios dele." Foram essas as palavras ditas e os termos de nossa concordância, relatado agora numa transcrição quase literal do que foi dito então.

Depois disso os navios se puseram ao mar, não sendo mais possível que eu partisse. Foi então que Dionísio se dignou em dizer-me que uma metade daquela propriedade devia pertencer a Dion, mas a outra metade ao seu filho; e acrescentou que iria vendê-la e que, uma vez vendida, passaria a mim metade do produto da venda para que eu entregasse a Dion, enquanto a outra metade seria mantida [em Siracusa] para o filho, porquanto era esse o mais justo dos procedimentos. Embora aturdido diante dessa declaração, julguei inteiramente ridículo insistir em contradizê-lo; apesar disso, disse-lhe que devíamos aguardar a carta de Dion, além de informá-lo também por carta sobre esse novo item da proposta, mas ele se apressou a realizar a venda de todos os bens de Dion, de um modo muito temerário, fazendo-o como bem entendia, vendendo para as pessoas de sua escolha e não me dizendo uma única palavra sobre o assunto; quanto a mim, igualmente me abstive de conversar mais com ele sobre os assuntos de Dion, pois não via mais nesse procedimento qualquer proveito.

Até esse período, eu me conservara contribuindo dessa forma a favor da filosofia e de meus amigos; depois desse episódio, entretanto, o gênero de vida que Dionísio e eu passamos a viver foi o seguinte: eu, como um *pássaro* desejoso de escapar e voar para longe, mantinha-me olhando através das grades da gaiola, ao passo que ele se mantinha concebendo expedientes engenhosos e artificiosos para me *espantar* sem abrir mão de nada do dinheiro de Dion. A despeito disso, para toda a Sicília passávamos por amigos.

[Aconteceu então] de Dionísio, contrariamente à prática de seu pai, tentar diminuir o pagamento dos integrantes mais velhos de sua tropa de mercenários,[135] diante do que os soldados enfurecidos se reuniram e declararam que não o permitiriam. A reação dele foi tentar forçá-los fechando os portões da

b cidadela, mas eles se dirigiram imediatamente para os muros, entoando um canto bárbaro de guerra; diante disso, Dionísio ficou muito alarmado, a ponto de conceder até mais do que pleiteavam para os peltastas[136] ali reunidos.

Não demorou a circular um boato, que atingiu o estrangeiro, de que Heraclides[137] fora o responsável por esse transtorno; ao ouvir isso, Heraclides fugiu e se escondeu. Dionísio se pôs a procurá-lo na intenção de prendê-lo, mas se vendo

c desorientado nessa busca, convocou Teodotes[138] ao seu horto. Ora, aconteceu de, naquela ocasião, eu estar fazendo uma caminhada no horto. Ignoro e não ouvi o restante da conversa deles, mas sei e me lembro do que Teodotes disse a Dionísio em minha presença. "Platão," disse, "estou tentando persuadir Dionísio de que se consigo localizar Heraclides e trazê-lo aqui para responder às acusações que são feitas neste momento contra ele, em caso de se concluir que é necessário que não resida na Sicília, sou da opinião de que ele, acompanhado de

d seu filho e de sua esposa, deveria embarcar para o Peloponeso, estabelecendo seu domicílio lá e fruindo da renda de sua propriedade por tanto tempo quanto não causar dano a Dionísio. Na verdade, já o convoquei e o convocarei agora novamente, uma ou outra dessas convocações devendo surtir efeito. Estou, ademais, pedindo e implorando a Dionísio que, na hipótese de alguém topar com Heraclides, no campo ou

---

135. ...μισθοφόρων... (*misthophóron*), ver nota 43, Carta III.
136. ...πελταστῶν... (*peltastôn*), soldados de infantaria ligeira, armados inclusive de escudo leve e pequeno (πέλτη [*pélte*]).
137. Cf. Carta III, 318c, e nota 48 pertinente.
138. Cf. Carta III, 318c.

e aqui na cidade, que se limite a bani-lo do país, não lhe infligindo mal algum, até que Dionísio assuma uma decisão posterior." E dirigindo-se a Dionísio, ele perguntou: "Concordas com isso?" "Concordo que," o outro respondeu, "mesmo que seja encontrado em tua própria casa, não sofrerá mal algum, exceto o que foi agora indicado."

Ora, no anoitecer do dia seguinte, fui apressadamente visitado por Euríbio e Teodotes, ambos se mostrando extraordinariamente transtornados. Teodotes tomou a palavra: "Platão, testemunhaste ontem a promessa que Dionísio fez a ti e a mim em relação a Heraclides?" "Claro que sim," respondi. "Entretanto, agora," prosseguiu, "há peltastas[139] por toda parte tentando capturar Heraclides, e é provável que ele esteja em algum lugar próximo daqui. É necessário que nos

349a acompanhes urgentemente à presença de Dionísio." Assim, pusemo-nos a caminho e [pouco tempo depois] estávamos diante dele; e enquanto os dois se reduziram a um silêncio choroso, eu lhe disse: "Eles estão com medo de que tomes alguma medida diferente com relação a Heraclides, contrária ao nosso acordo de ontem; de fato, creio que já se sabe que ele se refugiou nas proximidades." Ao ouvir isso, ele se encolerizou, seu semblante assumiu tudo que era cor, tal como sucede a um homem zangado. Teodotes ajoelhou-se e, agar-

b rando a mão dele, suplicou-lhe, olhos marejados de lágrimas, que não fizesse aquilo. Naquele momento eu interferi, dizendo numa tentativa de encorajá-lo: "Anima-te, Teodotes, visto que Dionísio não ousará agir de maneira a contrariar nosso acordo de ontem." Lançando-me um típico olhar de tirano ele disse: "Contigo eu não firmei acordo algum, de muita ou pouca importância." "Pelos deuses," respondi, "que firmaste, ou seja, precisamente de não fazer o que esse homem está, neste momento, implorando que não faças." Depois de proferir essas palavras, virei-me e saí. Após esse encontro, Dionísio

c se manteve no encalço de Heraclides, ao mesmo tempo que Teodotes se manteve enviando-lhe mensageiros instruindo-o

---

139. Ver nota 136.

para que fugisse. Dionísio ordenou a Tísias e seus peltastas que empreendesse sua perseguição, mas Heraclides, como se noticiou, antecipou-se a eles por algumas horas e efetivou sua fuga penetrando no território cartaginês.

Depois disso ter ocorrido, Dionísio resolveu que sua anterior maquinação, no sentido de negar-se a liberar o dinheiro de Dion, poderia lhe fornecer um fundamento convincente para promover um conflito comigo; sua primeira ação foi tirar-me da cidadela, pretextando que as mulheres tinham que realizar um sacrifício (que duraria dez dias) no horto onde se achava meu alojamento; em consequência disso, durante esse período, foram emitidas, por ele, ordens para que eu permanecesse fora [do horto], residindo na casa de Arquedemos. Durante essa minha estada, Teodotes me mandou chamar, exibindo veementemente suas queixas de indignação, em relação a Dionísio, pelo que ele fizera; contudo, quando esse último soube que eu visitara Teodotes, utilizando isso como um novo pretexto, aparentado ao anterior, para alimentar seu conflito comigo, enviou-me um mensageiro para indagar-me se eu realmente visitara Teodotes quando convidado por ele para tanto. "Decerto," respondi; e o mensageiro disse: "Bem, nesse caso, ele me ordenou que dissesse a ti que não estás, de modo algum, agindo com nobreza ao conferir sempre preferência a Dion e aos amigos de Dion, preterindo-o." Depois que recebi essa mensagem, ele não me convocou mais ao seu palácio, como se tivesse agora ficado absolutamente claro que, sendo eu amigo de Teodotes e de Heraclides, era, consequentemente, inimigo dele; além disso, ele imaginava que eu não via com bons olhos e com indulgência sua atitude de dissipar o dinheiro de Dion.

Doravante passei, então, a residir fora da cidadela, entre os mercenários; alguns dos remadores procedentes de Atenas, meus concidadãos, e outros indivíduos me procuraram para me informar que eu era alvo de falsas acusações, por parte dos peltastas, e que alguns deles ameaçavam matar-me se conseguissem botar as mãos em mim. Diante disso, para salvar-me, concebi o plano que passo a descrever na sequência: escrevi para Árquitas e outros amigos meus em Tarento, informando-os acerca de minha situação; pretextando uma missão diplomática de seu Estado, enviaram [a Siracusa] um deles, Lamisco, a bordo de um navio de trinta remos; logo que chegou, ele intercedeu por mim junto a Dionísio, comunicando-lhe o meu desejo de partir e implorando-lhe que desse seu consentimento para tanto. Ele assentiu e me liberou com suprimentos para a viagem; quanto ao dinheiro de Dion, nem eu solicitei qualquer parte dele, nem alguém me entregou parcela alguma.

Ao chegar a Olímpia, no Peloponeso, encontrei Dion entre os espectadores[140] e lhe transmiti o que ocorrera. Invocando Zeus por testemunha, ele convocou a mim, meus parentes e amigos para promovermos imediatamente a vingança contra Dionísio – no meu caso, pela transgressão às regras da hospitalidade (foi o que ele exprimiu e o que pensava) – e no caso dele mesmo, por causa da expulsão injusta e do exílio. Ao ouvir isso, disse-lhe que recorresse a meus amigos em busca de ajuda, se eles quisessem oferecê-la. "Mas no que me diz respeito," prossegui no meu discurso, "foste tu e os outros que, por assim dizer, compeliram-me a me tornar conviva, frequentador da casa de Dionísio e partícipe de seus ritos religiosos; ele, ainda que provavelmente haja acreditado que eu, segundo a afirmação de muitos caluniadores, conspirava contigo contra ele próprio e seu governo tirânico, não ordenou minha execução e mostrou algum escrúpulo. Desse modo, não só não me encontro mais – estou facultado a dizê-lo – na idade de ajudar alguém a travar uma guerra, como também estou ligado a ti e a ele por vínculos comuns, que seriam de valia se acontecesse de algum dia vós viésseis a desejar uma mútua amizade e promover o bem de ambos; entretanto, enquanto o desejo de ambos é fazer o mal, convocai outras pessoas." O motivo desse meu discurso era abominar aquela minha perambulação siciliana e o seu insucesso. Mas eles não me ouviram e, por se recusarem a dar acolhida às minhas tentativas de reconciliação, devem ser pessoalmente respon-

---

140. Quer dizer, dos Jogos Olímpicos de 360 a.C.

sabilizados por todos os males que se abateram sobre eles; de fato, a confiar na dimensão humana da probabilidade, nenhum desses males jamais teria sobrevindo se Dionísio tivesse restituído o dinheiro pertencente a Dion ou tivesse se reconciliado plenamente com ele, pois tais eram minha vontade e meu poder que eu não teria dificuldades para conter Dion. Entretanto, a considerar as coisas como são, atacando um ao outro, eles produziram males em escala universal.

351a E os desígnios de Dion, no tocante ao poder que aspirava para si, seus amigos e seu Estado, eram os mesmos que eu diria que qualquer pessoa moderada, eu mesmo ou qualquer outro indivíduo, deveria ter: tal indivíduo pensaria em alcançar e fruir do maior poder e das maiores honras somente concedendo os maiores benefícios. Contudo, essa não é a prática de um indivíduo que enriquece a si mesmo, a seus amigos e ao seu Estado forjando tramas e organizando conspirações; na realidade, esse indivíduo é pobre, além de não ser senhor de si mesmo, mas o escravo covarde de seus prazeres; tampouco é sua prática, se procede em seguida ao assassinato dos homens ricos sob o pretexto de que são seus inimigos, e à dissipação de seus bens, e à determinação de que seus cúmplices e companheiros não o responsabilizem se qualquer um deles queixar-se de pobreza. A situação é a mesma se um indivíduo é alvo de honras por parte de um Estado, por conceder-lhe, mediante decretos, benefícios advindos da distribuição dos bens dos poucos à multidão; ou se, governante de um grande Estado que domina muitos outros menores, direciona a riqueza dos Estados menores para o Estado de que é governante, contrariando a justiça. Na realidade, nem Dion nem qualquer outra pessoa jamais buscaria, voluntariamente, um poder que atrairia para si mesmo e para sua família uma perpétua maldição; ao contrário, preferiria visar a uma forma de governo em que fossem promulgadas as mais justas e melhores leis em meio ao mínimo possível de assassinatos e exílios.

Quando, porém, Dion há pouco trilhava esse caminho, decidido a ser, de preferência, a vítima de atos ímpios a ser o seu agente, embora se protegendo para não ser vitimado – quando atingira a mais excelsa posição em relação aos seus inimigos – ele tombou. E nada há de surpreendente no que ele experimentou. De fato, embora uma pessoa que não comete atos ímpios (que não é perversa), e que é também prudente e sensata, jamais será totalmente enganada no que toca às almas dos seres humanos ímpios (perversos), não seria talvez de se espantar que sofresse o destino de um bom piloto que, embora certamente ciente da aproximação da tormenta, pode não conseguir prever a extraordinária e inesperada violência dessa tormenta, o que resultaria em ser sobrepujado necessariamente por essa força. A queda de Dion, efetivamente, associa-se a uma causa idêntica. De fato, embora não haja deixado de perceber com toda a certeza que aqueles que arquitetavam sua queda eram homens perversos, não conseguiu, porém, perceber o grau de ignorância, vileza e cobiça que haviam atingido; devido a essa falha, ele foi derrubado e assim permanece, deixando a Sicília envolvida por uma infelicidade incomensurável.

O aconselhamento a ser oferecido por mim, na presente conjuntura, já foi fundamentalmente dado, e que baste. Julguei, contudo, necessário explicar o que me motivou empreender minha segunda viagem à Sicília, devido aos relatos absurdos e irracionais que circulam a respeito dela. Se, assim, o relato que acabo de apresentar se afigurar mais racional para todos e se as pessoas julgarem que apresenta suficientes motivos para o que aconteceu, considerarei tal relato plausível e suficiente.

VIII
Platão aos parentes e companheiros de Dion: Sucesso![141]

A melhor ideia para assegurar vossa efetiva obtenção do sucesso é a que me empenharei, dentro de minha capacidade, em vos descrever. Minha esperança é que meu aconselhamento não venha a ser somente proveitoso a vós (ainda que o seja principalmente a vós), mas em segundo lugar, a todos

---

141. Ver nota 1, Carta I.

c os siracusanos e, em terceiro lugar, até aos vossos inimigos e adversários na guerra, a menos que qualquer um deles seja um executor de atos ímpios,[142] uma vez que tais atos são irreparáveis[143] e ninguém pode jamais apagar a mancha que deixam. Ponderai, portanto, sobre o que agora digo.

Desde que a tirania foi derrubada em toda a Sicília, toda vossa dissensão gira em torno dessa questão de disputa, um partido desejando seu poder de volta, enquanto o outro querendo consumar de vez a expulsão dos tiranos. A maioria dos indivíduos é sempre da opinião de que o correto aconselhamento, no que toca a essas questões, consiste em aconselhar uma ação que produza o maior dano possível aos inimigos e o maior bem possível aos amigos; todavia, não é de modo algum fácil fazer muito mal aos outros sem, por seu turno, também vir a sofrer muito mal. E não é preciso ir muito longe para distinguir claramente esse tipo de consequência nos recentes acontecimentos ocorridos na própria Sicília, onde uma facção se empenha em agredir, enquanto a outra se empenha em defender-se dos agressores; e a narração desses acontecimentos, se algum dia a fizerdes para outros, mostrar-se-ia uma lição altamente instrutiva. Não há falta, porém, dessas instruções. Entretanto, quanto a um programa de ação que beneficiaria a todos, inimigos e amigos igualmente, ou que fosse, ao menos, minimamente danoso a uns e outros, isso não é fácil de se ver nem, quando visto, fácil de pôr em prática; ora, aconselhar tal programa de ação ou tentar é muito parecido com fazer uma oração. E que seja uma oração – afinal toda pessoa deve sempre principiar seu discursar e pensar com os deuses – e que possa ser atendida quando indicar palavras como as seguintes: agora e praticamente desde a guerra,[144] tanto vós quanto vossos inimigos têm sido governados continuamente

353a por uma família que vossos ancestrais instalaram no poder num momento de extrema dificuldade, ou seja, quando a Si-

---

142. Alusão ao assassino de Dion.
143. ...ἀνίατα... (*aníata*), literalmente *incuráveis, irremediáveis*.
144. A guerra dos sicilianos contra os cartagineses.

cília grega esteve exposta ao sumo perigo de ser assolada pelos cartagineses e converter-se em território dos bárbaros. Foi nessa ocasião que, para encarregar-se das operações militares
b para as quais ele tinha aptidão, Dionísio foi escolhido, isso por causa de sua juventude e brilho como guerreiro; ele e Hiparino,[145] que era mais velho e co-conselheiro, foram investidos de poder absoluto com o objetivo de salvar a Sicília, isto com o título, segundo dizem, de *tiranos*.[146] Teriam sido a fortuna divina e a Divindade as responsáveis, em última instância, pela salvação, ou a virtude dos governantes, ou a associação daquelas e desta apoiada pelos cidadãos daquele tempo? Com referência a isso, que cada um forme sua opinião; de qualquer modo, foi assim que a salvação se concretizou para aquela geração. Tendo eles se revelado homens de tal excelência, não há dúvida que é justo que recebam o reconhecimento de todos
c aqueles que salvaram. Todavia, se posteriormente a casa dos tiranos,[147] tendo agido incorretamente, abusou da dádiva a ela concedida pelo Estado, em parte já foi punida por isso e, em parte, terá ainda que expiar pelo que fez. Mas que punição seria necessariamente certo aplicar nas presentes circunstâncias? Na hipótese de terdes a capacidade de vos livrar facilmente deles[148] sem grandes riscos e transtornos, ou de serem eles capazes de retomar o poder sem dificuldades, não teria eu a possibilidade, num caso ou outro, de fornecer o acon-
d selhamento que estou na iminência de fornecer; mas estando as coisas no pé em que se encontram, ambos os partidos são intimados a refletir e a lembrar quantas vezes cada um alimentou grandes esperanças de que faltava pouco para atingir a posição favorável que o capacitaria a fazer o que desejava; e, além disso, que foi exatamente esse *pouco* invariavelmente a causa de grandes e inúmeros desastres. E jamais é atingido

---

145. O autor não se refere a Dionísio, o sobrinho de Dion, e nem ao Hiparino, também parente deste último, mas aos ascendentes deles.
146. ...τυράννους... (*tyránnoys*).
147. Ou seja, a linhagem que começa com o primeiro Dionísio.
148. Isto é, da família real dos Dionísios.

e um limite no que tange a esses desastres, aquilo que parece ser o fim de um antigo desastre sempre implicando o começo de um novo; e por conta desse interminável encadeamento de desastres, o partido da tirania e aquele da democracia correm risco de destruição; e finalmente, caso isso venha a suceder, o que é provável, ainda que deplorável, dificilmente será preservado um único traço da língua grega em toda a Sicília, já que esta terá caído sob a dominação e o poder de fenícios ou opicianos.[149] Todos os gregos têm que empenhar todo seu zelo para remediar essa situação e afastar essa perspectiva. Se, portanto, alguém dispuser de um plano mais acertado e melhor do que aquele que estou prestes a propor e apresentá-lo aberta-

354a mente a nós, terá pleno direito ao título de *amigo dos gregos*. O que, contudo, a mim parece o melhor é o que me esforçarei agora para explicar num discurso dotado de máxima franqueza e imparcialidade. Na realidade, falo de algum modo como um árbitro que se dirige às duas partes, uma delas o ex-tirano, a outra seus ex-súditos, proferindo para ambas um conselho que já é bem conhecido. E agora também meu aconselhamento endereçado a todo tirano é que fuja ao seu título e à função que desempenha como tirano e converta a tirania em

b realeza. Que essa transformação é possível foi efetivamente provado por um homem sábio e bom, Licurgo;[150] de fato, no momento em que percebeu que seus próprios parentes em Argos e em Messênia, num caso e noutro, destruíam a si mesmos e a seus Estados passando da realeza para a tirania, sentiu-se seriamente amedrontado no que tocava ao seu próprio Estado e à sua própria família; instituiu, então, como remédio [preventivo], a autoridade dos Velhos[151] e dos Éforos[152] para que

---

149. ...Ὀπικῶν... (*Opikôn*): o autor se refere, provavelmente, a tribos bárbaras do centro da Itália, campanianos ou samnitas.
150. Legislador de Lacedemônia (Esparta).
151. γερόντων... (*gerónton*), que formavam a Assembleia dos Velhos ou Senado (γεροντία/γερουσία [*gerontía/geroysía*]) em Esparta.
152. ...ἐφόρων... (*ephóron*), literal e genericamente *aqueles que zelam, que supervisionam*, mas o sentido aqui é restrito e específico: eram os cinco magistrados supremos que, em Esparta e outros Estados dóricos, detinham o direito de controle sobre todos os demais magistrados, inclusive sobre os reis.

servisse como um elo de segurança para o poder do rei; o resultado disso foi assegurarem sua preservação e glória ao longo de todas essas gerações, uma vez que a lei se tornou entre eles a rainha soberana sobre os seres humanos, e não os seres humanos tiranos sobre as leis.

E agora também eu recomendo a todos vós, prementemente, que o imitem. Exorto aqueles entre vós, que se precipitam na busca do poder tirânico, que mudem seu rumo e que fujam a tempo do que é considerado por pessoas insaciáveis e insensatas como uma felicidade, e que tentem assumir o aspecto de um rei e se submeter a leis da realeza, entendendo que sua posse das mais elevadas honras se deve à boa-vontade das pessoas[153] e às leis. Quanto aos que trilham o caminho da liberdade e que se esquivam à canga da escravidão, como de algo mau, aconselho-os que tomem cuidado com o desejo insaciável de liberdade excessiva para que não sejam acometidos da doença de seus ancestrais, da qual padeciam os indivíduos daquele tempo, devido ao excesso de anarquia que experimentavam motivado por sua paixão desmedida pela liberdade.[154] É fato que os habitantes gregos da Sicília que antecederam o governo de Dionísio e Hiparino viviam felizes, ao menos segundo o que supunham, gozando da suntuosidade e governando seus governantes; chegaram, inclusive, a apedrejar até a morte, sem qualquer julgamento legal, os dez generais que precederam a Dionísio,[155] para mostrar que não se submetiam a senhor algum, nem à justiça e à lei, e que eram absoluta e completamente livres. O resultado foi o governo dos tiranos sobrevir. No que respeita igualmente à escravidão e à liberdade, se excessivos, são completamente maus, ao passo que se moderados são completamente bons; e a escravidão moderada é a submissão a um deus, enquanto a imoderada é a

---

153. Ou seja, os súditos.
154. Ver especialmente *A República*, Livro VIII, 562c-564.
155. Segundo o helenista R. G. Bury, o autor comete aqui um equívoco, pois esse apedrejamento teria ocorrido em outra ocasião e em outro lugar.

355a submissão aos seres humanos; e o deus dos homens sensatos é a lei, enquanto o dos insensatos é o prazer.

Visto serem essas coisas naturalmente estabelecidas desse modo, conclamo os amigos de Dion a anunciar o teor de meu aconselhamento a todos os siracusanos como constituindo nosso aconselhamento comum, ou seja, de Dion e de mim mesmo; serei o intérprete do que ele teria dito a vós agora se estivesse vivo e capacitado a falar. "Bem," é possível que alguém dissesse, "qual é a mensagem para nós encerrada no conselho de Dion para a atual conjuntura?" Ei-la:

b "Acima de tudo, siracusanos, aceitai leis que a vós não pareça provável que encaminham vossos pensamentos cobiçosamente para a obtenção de dinheiro e a riqueza; ao contrário, considerando a existência destas três coisas – a alma, o corpo e o dinheiro – aceitai as leis que fazem a excelência da alma ocupar o primeiro posto, a do corpo o segundo, subordinado ao da alma, ocupando o terceiro e último posto o valor atribuído ao dinheiro, o qual deve servir ao corpo e à alma.[156] A instituição sagrada que os hierarquiza nessa or-
c dem pode corretamente ser promulgada por vós como lei, posto que realmente *traz bem-estar aos que a acatam*,[157] ao passo que o discurso que classifica os ricos como os *detentores do bem-estar*[158] não só é um discurso desventurado em si mesmo, um discurso tolo de mulheres e crianças, como também reduz à desventura aqueles que nele creem. Que o que digo é verdadeiro poderá ser apurado por vós se submeterdes à prova o que estou afirmando agora no tocante a leis; de fato, no que respeita a qualquer assunto, considera-se a experiência a mais verdadeira das provas.

Uma vez aceitas por vós leis desse gênero, visto que a Si-
d cília está cercada por perigos e não vos sagrastes nem como completamente vitoriosos nem como completamente derrotados, seria inquestionavelmente justo e proveitoso, no interes-

---

156. Cf., por exemplo, *As Leis*, Livro III, 697b.
157. Ou, numa tradução mais próxima da literalidade: ...*torna felizes os que a acatam...* .
158. Ou seja, os *felizes*.

se de todos vós, adotar um procedimento mediano, incluindo isso não apenas aqueles entre vós que se esquivam do rigor do poder absoluto, como também aqueles que anseiam por recuperar tal poder, cujos ancestrais no seu tempo empreenderam a suma proeza de salvar os gregos dos bárbaros, o que nos possibilita falar agora sobre formas de governo; se naquela época houvessem sido derrotados, absolutamente espaço algum teria sido deixado para falarmos sobre isso ou alimentarmos esperança. Portanto, que agora um partido entre vós tenha a liberdade mediante o governo de um rei[159] e que o outro partido tenha um governo de rei responsável, com as leis atuando como um senhor, ou seja, soberanamente sobre os próprios reis, bem como sobre os súditos,[160] se uns ou outros violarem as leis. Em tais condições, com o amparo dos deuses, discernimento e propósito sadio, designai reis, a começar por meu próprio filho,[161] isso em reconhecimento por favores em dobro, ou seja, o concedido por mim e aquele concedido por meu pai, visto que livrou o Estado dos bárbaros na sua época, enquanto eu, atualmente, o livrei duas vezes dos tiranos, o que vós próprios podeis testemunhar. Como vosso segundo rei, nomeai aquele que é homônimo de meu pai e que é filho de Dionísio, a título de reconhecimento por seu atual auxílio e sua disposição piedosa; de fato, ele, embora rebento de um pai tirano, está voluntariamente libertando o Estado e com isso granjeando para si mesmo e sua família uma honra imorredoura a substituir uma tirania efêmera e injusta. Em terceiro lugar, deveis convidar para se tornar o rei de Siracusa[162] – como rei

---

159. Quer dizer, uma realeza (governo monárquico) não absolutista (que é sinônimo de tirania), mas uma monarquia constitucional na qual o rei não governa com base meramente no seu arbítrio, vontade e caprichos pessoais, mas com base num conjunto de leis e supervisionado e controlado por altos magistrados, como exemplificado pela monarquia espartana.

160. ...πολιτῶν... (*politôn*), cidadãos, não tanto no sentido genérico de habitantes da *cidade*, do Estado, mas naquele de súditos de uma monarquia *constitucional*.

161. O autor está colocando este discurso na boca de Dion e discursando como se fosse o próprio Dion. Cf. 355.

162. O leitor deve ter em mente que a cidade-Estado de Siracusa não ocupava, evidentemente, toda a ilha da Sicília.

voluntário, de um Estado voluntário – aquele que, neste momento, é o comandante do exército de vossos inimigos, ou seja, Dionísio, filho de Dionísio, isso na hipótese de ser esse o seu desejo e concordar em tornar-se um rei – a supor que, tocado pelo receio das mudanças da sorte, assim como pela devoção religiosa em relação à sua pátria, cujos templos e túmulos foram abandonados devido à negligência – ele se revele desejoso de trocar o poder que detém por aquele de um rei, não permitindo que, por força de sua ambição, leve tudo à completa destruição, transformando-se na causa do regozijo dos bárbaros.

Esses três, quer os investis do poder de reis da Lacônia,[163] quer limiteis o poder deles mediante um acordo comum, deverão ser entronizados por vós de uma maneira que corresponde aproximadamente ao seguinte, o que na verdade já vos foi indicado antes,[164] mas para o que, entretanto, deveis atentar agora novamente.

Se a família de Dionísio e Hiparino se predispuser a colocar um fim aos males que ocorrem atualmente com o objetivo de garantir a salvação da Sicília, com o que receberão honras no presente e no futuro a beneficiá-los pessoalmente e à sua família, devereis – em consonância com os termos indicados – convocar embaixadores investidos do poder para negociar um pacto de reconciliação; que esses embaixadores sejam quem queiram eles que sejam e na quantidade estipulada mutuamente, produto de uma seleção entre as pessoas aqui, no estrangeiro, ou tanto aqui como no estrangeiro. E logo que chegarem, que principiem por redigir leis e uma constituição concebida, de tal forma a facultar aos reis o controle dos templos e de tudo o mais que diga respeito apropriadamente àqueles que outrora foram benfeitores. E que para o controle de questões relativas à guerra e à paz eles designem 35 guardiões das leis, a atuarem conjuntamente com o povo

---

163. Referência ao sistema monárquico de Esparta e outros Estados dóricos, onde o poder do rei era bastante limitado e controlado pelas instituições do senado e dos éforos.
164. Cf. Carta VII.

e o Conselho. Deveria haver vários tribunais para julgar tipos diversos de processos, porém, quanto a crimes que envolvam morte ou exílio, serão julgados pelos 35; e a se somarem a estes, deveria haver juízes escolhidos entre os magistrados de cada ano precedente, um extraído de cada magistratura, a saber, aquele que for aprovado como o melhor e o mais justo; estes deverão julgar, para o ano que se segue, todos os casos envolvendo morte, encarceramento ou exílio de cidadãos; e não deveria ser permitido que um rei atuasse como juiz nesses casos, visto que, tal como um sacerdote, deveria conservar-se imaculado em relação ao derramamento de sangue, o encarceramento e o exílio.

Esse foi o projeto que concebi para vós quando em vida, continuando a ser meu projeto agora. Se as Erínias[165] disfarçadas de convidados não tivessem me barrado, com vossa ajuda teria então sobrepujado nossos inimigos e realizado esse projeto; e depois, tivessem as minhas intenções se convertido em realidade, eu teria colonizado o resto da Sicília e expulsado os bárbaros da terra que hoje dominam, eximindo dessa expulsão aqueles que lutam a favor da liberdade comum contra a tirania, e teria restituído os ex-habitantes daquelas regiões helênicas aos seus lares antigos e ancestrais. E agora, do mesmo modo, aconselho todos os partidos, em comum acordo, a adotar e pôr em ação esses mesmos planos, convocando a todos para essa missão e tendo na conta de inimigos todos aqueles que se negarem a dela participar. Esse caminho não é impossível, pois quando planos estão realmente presentes em duas almas e se tem deles a percepção, após devida reflexão, de que são os melhores, todo aquele que classificá-los como impossíveis dificilmente será um homem de entendimento. Entendo por duas almas a de Hiparino, filho de Dionísio, e a de meu próprio filho; se essas duas se irmanarem, acredito que todos os demais siracusanos zelosos por sua cidade darão seu assentimento.

---

165. ...ἐρινύες... (*erinýes*), divindades vingadoras dos crimes de homicídio e contra a parentela.

Bem, quando tiverdes prestado as devidas honras acompanhadas de orações a todos os deuses e a todos os outros poderes aos quais, com os deuses, cabem as honras, não vos detenhais quanto a incitar e exortar amigos e, inclusive, opositores, com gentileza, mas incessantemente, até que, como um sonho enviado pelo deus aos homens despertos, o plano que descrevi seja por vós convertido em ações visíveis e consumado venturosamente."

IX
Platão a Árquitas de Tarento:[166] Sucesso![167]

Arquipo, Filonides[168] e seu grupo chegaram e trouxeram a carta que entregaste a eles, além do que me transmitiram novidades de tua parte. Não tiveram dificuldade alguma quanto à realização da missão em relação à cidade, pois não era, de modo algum, uma incumbência difícil. Quanto a ti, entretanto, fizeram-nos um relato completo, informando-nos que te sentes um pouco descontente por não poderes te livrar dos compromissos da vida pública. Ora, para quase todas as pessoas se mostra evidente que o mais agradável na vida é cuidar dos interesses particulares, sobretudo quando são do tipo daqueles pelos quais optaste. Contudo, há algo que deve ser também objeto de ponderação, ou seja, que nenhum de nós nasceu [para viver somente] em função de si mesmo; uma parte de nossa existência pertence à nossa pátria, uma outra aos nossos pais, uma terceira aos nossos demais amigos, ao passo que uma grande parte é devotada às exigências circunstanciais que acossam nossas vidas. E quando nossa pátria nos chama para os deveres públicos, seria provavelmente um despropósito deixar de ouvir esse chamado, uma vez que tal atitude resultaria em dar espaço a pessoas indignas que in-

---
166. Matemático, filósofo pitagórico e político.
167. Ver nota 1, Carta I.
168. Discípulos da escola pitagórica.

gressam na vida pública impulsionadas por motivos que, de modo algum, são os melhores.

E que baste quanto a esse assunto. Estamos, neste momento, cuidando de Equécrates[169] e o faremos também no futuro, por tua causa, por causa de Frínion, o pai dele, e por causa do próprio jovem.

X
Platão a Aristodoro: Sucesso![170]

c Ouvi dizer da parte de Dion que és e sempre foste um de seus companheiros mais chegados, já que entre aqueles que se ocupam da filosofia demonstras a maior disposição de amante da sabedoria; de fato, digo que a autêntica filosofia tem a ver com a firmeza, a confiabilidade e a integridade, enquanto, no que toca aos outros saberes e engenhosidades que tendem para outros rumos, creio que os estarei nomeando corretamente se lhes conferir o título de sutilezas.

Adeus, e conserva-te na mesma disposição que revelaste até agora.

XI
Platão a Laodamas:[171] Sucesso![172]

d Escrevi para ti antes daquilo em relação ao que disseste ser de grande importância para vires pessoalmente visitar Atenas. Considerando, contudo, que afirmas ser isso impossível, o segundo melhor expediente teria sido, se possível, que eu, ou
e Sócrates,[173] se dirigisse a ti. Sócrates, porém, está debilitado

---

169. Também discípulo da escola pitagórica.
170. Ver nota 1, Carta I.
171. Ignoramos a rigor de quem se trata, mas pode ser que seja o mesmo Laodamas de Tasos, matemático associado correntemente ao método analítico em geometria.
172. Ver nota 1, Carta I.
173. Supõe-se que o autor aluda aqui ao *Jovem Sócrates* que figura como um dos interlocutores do diálogo *Político*. [Obra publicada pela Edipro em *Diálogos IV*, 2015. (N.E.)]

acometido de retenção urinária,¹⁷⁴ ao passo que se fosse para eu ir, seria impróprio se me apresentasse a ti e não conseguisse realizar a tarefa para a qual me estás convocando. Nenhuma grande esperança de obter êxito nisso se aninha em mim – e explicar plenamente porque exigiria uma outra longa carta; ademais, na minha idade, não me acho fisicamente apto para viagens e para expor-me a perigos com os quais topamos por terra e por mar; e atualmente viajantes em todas as partes

359a são ameaçados por grandes perigos.¹⁷⁵ Estou, contudo, capacitado a conceder-vos, a ti e aos colonos, alguns conselhos que poderiam se afigurarem, como diz Hesíodo,¹⁷⁶ "insignificantes, mas de difícil compreensão". De fato, estão equivocados se pensam que uma constituição poderia, algum dia, ser bem estabelecida contando tão só com algum tipo de legislação, sem a presença de uma autoridade no Estado que supervisionasse o cotidiano de escravos e homens livres, verificando se vivem de modo moderado e corajoso. Isso poderia, contudo, ser assegurado se já tivesses disponíveis homens dignos de

b exercerem tal autoridade. Todavia, se te falta um instrutor, então significa, a meu ver, que não dispões nem do instrutor nem daqueles a serem instruídos; nesse caso, só te resta orar aos deuses. Na verdade, os Estados do passado foram também, na sua maioria, estabelecidos dessa maneira, e posteriormente atingiram um bom governo depois e em decorrência de terem que enfrentar sérios problemas causados pela guerra e outros transtornos, isso sempre que surgiu em seu meio e no bojo dessa crise um homem nobre e bom detendo grande poder.

c A conclusão é que, embora seja certo e necessário começardes por vos animar ardentemente em relação a esses acontecimentos e resultados, deveis também concebê-los à luz do que eu disse, e não serdes tão insensatos a ponto de pensar que ireis de imediato realizar qualquer coisa. Boa sorte!

---

174. ...στραγγουρίας... (*straggoyrías*), estrangúria.
175. Possível alusão à ação regular dos piratas no Mar Egeu.
176. Hesíodo de Ascra, poeta épico (autor da *Teogonia* e de *Os Trabalhos e os Dias*) que floresceu no século VIII a.C.

XII
Platão a Árquitas de Tarento: Sucesso![177]

d   Ficamos extraordinariamente satisfeitos em receber os tratados provenientes de ti; experimentamos máxima admiração por seu autor e julgamos realmente tal homem digno de seus antigos ancestrais. De fato dizem ser esses homens mirianos, estando eles entre aqueles que emigraram no reinado de Laomedonte[178] – bons homens de acordo com a narrativa aceita. Quanto aos meus escritos que mencionaste em tua carta, não estão completos, porém eu os enviei a ti no estado em que se
e   encontram; temos ambos um entendimento no que toca a serem eles guardados, de modo que se dispensa aqui dar-te instruções.

(Contestado que seja da autoria de Platão)[179]

XIII
Platão a Dionísio, tirano de Siracusa: Sucesso![180]

360a   Que seja este não só o começo de minha carta como também um sinal de reconhecimento de que provém de mim.[181] Numa ocasião, quando acolhias num banquete os jovens locrianos e te sentavas a uma certa distância de mim, te levantaste, te aproximaste de mim e, num tom amigável, fizeste
b   uma observação que me pareceu excelente, bem como àquele que estava ao meu lado na mesa, um dos belos jovens. E ele disse: "Não há dúvida, Dionísio, que encontraste em Platão um grande benefício em matéria de sabedoria!" E respondeste: "E em matéria de muito mais, visto que a partir do momento que o convidei ganhei de imediato pelo próprio fato de havê-lo convidado." Esse é um tom, portanto, a ser meticulosa-

---

177. Ver nota 1, Carta I.
178. Pai de Príamo, rei de Troia, e avô de Heitor, Páris e Cassandra.
179. Observação contida nos melhores manuscritos e que os helenistas em geral fazem remontar ao começo da era cristã e a Trasilo de Alexandria.
180. Ver nota 1, Carta I.
181. O autor se refere à forma de saudação. Ver Carta III, 315a-b.

mente preservado para que o benefício mútuo que extraímos um do outro possa crescer sempre. E no sentido de contribuir para isso, estou lhe enviando agora alguns escritos pitagóricos e algumas *Divisões*, além, como dispomos naquela ocasião, de um homem, que poderá ser útil a ti e a Árquitas, se este visitar-te em tua corte. Seu nome é Helicon, sua família é de Cízico e ele é um discípulo de Eudoxo,[182] sendo grande conhecedor de toda a doutrina deste último. Além disso, ele se aliou a um dos discípulos de Isócrates[183] e a Polixeno, um dos companheiros[184] de Bríson;[185] e o que não ocorre com frequência, é uma pessoa cativante à qual é agradável dirigir a palavra e destituída de maneiras rudes; pelo contrário, parece ser alguém de fácil trato e modos simples. O que digo, entretanto, eu o digo com reservas,[186] pois emito uma opinião acerca de um ser humano e este, embora não destituído de boas qualidades, constitui um ser vivo volúvel, exceto por algumas situações raríssimas e alguns poucos aspectos. Realmente, mesmo no caso desse homem, ao conhecê-lo, os receios e as suspeitas que me assaltaram foram tais que, além de observá-lo cuidadosamente, pus-me a investigar junto aos seus concidadãos, e nenhum deles tinha algo desfavorável a dizer em relação a esse homem. Entretanto, submete-o tu também à observação e acautela-te. Se dispusesses [agora] afinal de algum ócio, o melhor seria que tomasses lições com ele a se somarem aos teus outros estudos de filosofia; se não for esse o caso, faz com que alguém seja plenamente instruído por ele, de modo que, quando dispuseres de ócio, poderás aprender com esse alguém e com isso progredir e granjear boa reputação,

---

182. Eudoxo de Cnido, matemático (versado em astronomia) e sofista que floresceu no século IV a.C.
183. Isócrates de Atenas (436-338 a.C.), orador e diretor da Escola de Retórica de Atenas, contemporânea à Academia de Platão.
184. E também discípulo.
185. Bríson de Megara, matemático. Ver Aristóteles, *Analíticos Posteriores,* 75b41, e *Refutações Sofísticas,* 171b16 e 172a3. [Obras publicadas pela Edipro em *Órganon,* 2016. (N.E.)]
186. ...δεδιὼς... (*dediòs*), literalmente com medo, com receio.

de forma a fazer perdurar o benefício que extrais de mim. E que baste quanto a esse assunto.

361a   No que se refere às coisas que escreveste para eu mandar-te, eu tinha o Apolo[187] pronto e Leptines[188] o está levando para ti. É obra de um jovem e bom artífice de nome Leocares. Havia uma outra obra em sua oficina que me pareceu muito graciosa, de maneira que resolvi comprá-la no desejo de presentear tua esposa, visto que ela cuidou de mim na saúde e na doença de um modo a honrar-me e a ti. Assim, dá a ela, a não ser que não o considerares apropriado. Estou enviando, também, doze jarros de vinho doce para as crianças e dois de
b   mel. Chegamos tarde demais para a armazenagem dos figos e as bagas de mirto armazenadas apodreceram; da próxima vez cuidaremos melhor deles. No que respeita às plantas, Leptines te comunicará.

Quanto ao dinheiro para pagar essas despesas, a saber, as compras indicadas e o pagamento de certos impostos do Estado, peguei-o com Leptines, comunicando-lhe – o que julguei tanto adequado quanto verdadeiro – que a quantia de cerca de dezesseis minas, por nós despendida no navio leucadia-
c   no, proveio de nossos recursos; portanto, obtive essa soma dele, utilizei-a e enviei os objetos adquiridos a ti. Agora devo informar-te sobre tua situação financeira em Atenas e a minha. Empregarei teu dinheiro, como disse antes, tal como emprego aquele de todos os meus outros amigos; emprego o mínimo possível, ou seja, apenas o que eu e o indivíduo de quem o obtenho concordamos ser o necessário, justo ou apropriado. Bem, esta é a minha situação presente: aquelas minhas sobrinhas falecidas, no tempo em que me instruíste a usar uma co-
d   roa e me recusei a fazê-lo, deixaram sob minha responsabilidade quatro filhas, das quais uma está agora na idade de casar, uma outra tem oito anos, outra pouca mais de três, enquanto a quarta sequer atingiu um ano de idade. Eu e meus amigos temos que prover dotes a elas, ao menos para aquelas que se

---

187. Ou seja, uma estátua do deus Apolo.
188. Um discípulo dos pitagóricos.

casarem enquanto eu viver; quanto às outras, passará a ser um encargo deles; tampouco proverei dotes àquelas cujos pais venham a se tornar mais ricos do que eu, ainda que atualmente eu seja o mais rico e tenha sido eu, com o auxílio de Dion e de outros, que provemos dotes às suas mães. A mais velha dessas meninas está para casar com Espeusipo,[189] sendo ela filha de sua irmã.[190] Para ela requeiro, portanto, uma quantia que não ultrapassa trinta minas, o que para nós constitui um dote razoável. Ademais, vindo a suceder o falecimento de minha própria mãe,[191] dez minas é suficiente para a construção de seu túmulo. No que toca a esses propósitos, portanto, é bem isso o que necessito no momento. E se vier a surgir alguma outra despesa adicional, privada ou pública, em função de minha visita à tua corte, nossa ação se ajustará ao que eu disse antes: tenho que me empenhar maximamente no sentido de manter o nível das despesas o mais baixo possível, e se acontecer de algo escapar ao meu controle, terás que assumir a despesa.

A seguir, relativamente ao gasto de teu próprio dinheiro em Atenas, devo começar por comunicar-te que, ao contrário do que pensávamos, não dispões de um só amigo com quem estejas ligado por laços de hospitalidade que emprestaria dinheiro na hipótese da necessidade de minha parte de efetuar algum gasto no fornecimento de um coro ou algo que o valha; além disso, se ocorrer de teres diante de ti um negócio urgente que, para tua vantagem, depende de um gasto imediato, enquanto representará desvantagem para ti o adiamento do gasto devido à necessidade da espera de chegar um mensageiro de tua parte, tal situação não só trará prejuízo como atingirá negativamente tua honra. Na verdade, descobri isso eu mesmo ao enviar Erasto[192] a Andromedes, o egineta, de quem me disseste que, sendo ligado a ti por laços de amizade e hos-

---

189. Sobrinho de Platão e seu sucessor como diretor da Academia por ocasião de sua morte.
190. Ou seja, sobrinha de Espeusipo.
191. Peritione.
192. Cf. Carta VI, 322d. É provável que se trate do mesmo Erasto, discípulo de Platão, colega e amigo de Aristóteles.

pitalidade, podia eu tomar dinheiro emprestado em caso de necessidade, que foi o que aconteceu quando desejei enviar-te alguns artigos dispendiosos sobre os quais escreveras. Ele respondeu – algo natural e humano – que, quando no passado emprestara dinheiro ao teu pai, experimentara dificuldade em recuperá-lo, de modo que agora se disporia a emprestar somente uma modesta soma e nada mais. Foi nessa ocasião que passei a fazer empréstimos de Leptines; e por isso Leptines merece louvor – não porque emprestou, mas porque o
c fez prontamente, demonstrando claramente sua amizade e a qualidade dela em tudo o mais que disse e fez em relação a ti. É meu dever relatar essas ações, bem como ações de tipo contrário, de modo a poder indicar o que penso ser a disposição deste ou daquele homem relativamente a ti.

Serei franco em minhas considerações quanto à situação de teu dinheiro, sendo isso a ação correta, além do que estarei discursando com base em experiência obtida em tua corte. Os homens que se mantêm entregando relatórios a ti, no temor de atrair provavelmente para si tua ira, não se sentem desejosos de relatar nada que, segundo eles, acarreta gasto. Deves,
d sos de relatar nada que, segundo eles, acarreta gasto. Deves, portanto, habituá-los e forçá-los a não serem omissos, a declararem essas matérias além das outras; é tão só certo estares a par, tanto quanto possas, de todos os negócios, para que fiques capacitado a julgá-los, não te furtando a esse conhecimento. Esse procedimento servirá, da melhor forma, para aumentar tua autoridade. De fato, a despesa corretamente feita e corretamente paga é algo bom em vários aspectos – como tu próprio o constatarás cada vez mais – inclusive para a aquisição do próprio dinheiro. Portanto, não permitas que aqueles que afirmam ser devotados a ti te caluniem atraindo para ti má reputação; efetivamente nada há de bom para a reputação ou
e de nobre em ser conhecido como de difícil trato.

Na sequência discorrerei sobre Dion. De outros assuntos não posso falar por enquanto, até que cheguem, como instruíste, tuas cartas; com referência, entretanto, ao assunto que me proibiste mencionar a ele, nem o mencionei nem o discuti, mas realmente tentei apurar se ele encararia de maneira difícil ou fácil a eventual concretização desse teu plano, e me pareceu que, se concretizado, isso causar-lhe-ia um grande aborrecimento.[193] Quanto a tudo o mais, a postura de Dion em relação a ti a mim parece moderada, seja com respeito aos seu discurso, seja com respeito às suas ações.

363a A Crátino, o irmão de Timoteu e meu companheiro, oferéçamos uma couraça de hoplita, uma daquelas macias para soldados de infantaria; e para as filhas de Cebes[194] três túnicas de sete cúbitos, confeccionadas com o linho siciliano e não com o caro tecido de Amorgos. Provavelmente estás familiarizado com o nome de Cebes, pois ele figura nos tratados socráticos[195] participando com Símias[196] do diálogo com Sócrates acerca da alma,[197] sendo ele um amigo íntimo e benevolente de todos nós.

b Imagino que te recordas do sinal de reconhecimento que indica quais, entre minhas cartas, são escritas com seriedade e quais não são; de qualquer modo, tem isso em mente e a isso devota máxima atenção, pois são muitos os que me pedem para escrever aos quais não é fácil declinar abertamente. A carta que tem um propósito sério, começa com [a palavra] deus,[198] enquanto a menos séria com [a palavra] deuses.[199]

Os embaixadores me solicitaram que escrevesse a ti, e compreensivelmente, uma vez que em toda parte tecem louvores a ti e a mim da forma mais veemente; e não menos Filagro, que sofria com a mão ferida. Também Filaides, que

---

193. Possível alusão ao deplorável projeto de Dionísio: estando Dion exilado, entregar a esposa deste, Arete, a um favorito de Dionísio.
194. Cebes de Tebas, discípulo dos pitagóricos que esteve com Sócrates no dia da morte deste. Ver o *Fédon*.
195. ...Σωκρατείοις λόγοις... (*Sokrateíois lógois*), ver *Diálogos III – Socráticos*.
196. Símias de Tebas, também discípulo dos pitagóricos que esteve presente na prisão de Atenas no dia da morte de Sócrates. Ver o *Fédon*.
197. O *Fédon*.
198. ...θεὸς... (*theòs*).
199. ...θεοὶ... (*theoì*).

c   acabou de chegar do Grande Rei,[200] estava comentando sobre ti; se não exigisse uma longa carta, eu teria te contado por escrito o que ele disse; mas como é esse o caso, pergunta a Leptines a respeito.

Se estiveres enviando a couraça ou qualquer das outras coisas que mencionei e tiveres alguma preferência quanto ao portador, dá-o a ele, mas se não for esse o caso, entrega-o a Terilo; ele é um daqueles que faz sempre essa viagem, além de ser nosso amigo e destacado conhecedor de filosofia e de outras coisas. É também genro de Teison, que era magistrado da cidade quando partimos.

d   Fica bem e estuda filosofia, exortando para ela todos os outros jovens; e transmite minhas saudações aos teus companheiros estudantes dos globos;[201] instrui Aristócrito, bem como os outros, de que caso chegue ao palácio qualquer escrito ou carta de minha parte, eles devem apressar-se em informar-te o mais breve possível; e o instrui igualmente quanto a lembrar-te de não descuidares relativamente ao teor de minha correspondência. E agora não deixes de pagar a Leptines o dinheiro emprestado, fazendo-o prontamente, para que os outros também, observando como lidas com ele, demonstrem maior predisposição para nos prestar assistência.

e   Iatrocles, aquele que eu libertei na mesma ocasião que Mironides, está agora viajando com as coisas enviadas por mim. Considerando que ele se revela benevolente contigo, peço-te que o remuneres de algum modo, além de empregá-lo para o que desejares. Conserva esta carta, ou ela mesma, ou uma cópia sua, e persiste sendo o que és.

---

200. O rei da Pérsia, Xerxes, considerado o homem mais rico e poderoso da época.
201. ...συσφαιριστὰς... (*sysphairistàs*), literalmente companheiros de jogo de bola. O autor parece fazer um jogo de palavras, mas a referência provável é aos companheiros de Dionísio nos estudos de geografia ou astronomia. Cf. Carta II, 312d, e nota 27 pertinente.

EPIGRAMAS

1. Fitas as estrelas, minha Estrela... Fosse eu o Céu poderia contemplar-te com múltiplos olhos!

2. Igualmente como refletiste uma vez a luz da Estrela Matutina entre os vivos, refletes agora na morte a luz da Estrela vespertina entre os mortos.

3. As Moiras[202] determinaram o pranto para Hécuba[203] e as mulheres de Troia desde o nascimento destas; mas quanto a ti, Dion,[204] os deuses derramaram tuas largas esperanças sobre o solo, depois que saíste vitorioso na realização de nobres façanhas. Assim, permaneces em tua vasta pátria honrado por teus concidadãos, ó Dion, tu que enlouqueceste de amor meu coração.

4. Agora, quando tão só murmurei que Alexis é belo, tornou-se ele o objeto da observação de todos os observadores. Ó meu coração, por que exibir um osso a cães? Tu o lastimarás mais tarde: não será o caso de termos perdido Fedro?[205]

---

202. As três divindades (Cloto, Laquesis e Átropos) que presidem ao nascimento e estabelecem o destino individual humano.
203. Rainha de Troia, esposa de Príamo e mãe de Heitor, Páris e Cassandra.
204. Provável referência, ainda que intempestiva, a Dion de Siracusa, tio de Dionísio, o Jovem, tirano de Siracusa, e amigo de Platão. Ver as Cartas IV, VII e VIII.
205. Possível alusão intempestiva a Fedro de Mirrino, membro do círculo socrático e intérlocutor nos diálogos de Platão *Fedro* e *O Banquete*. [Obras publicadas pela Edipro, respectivamente, em *Diálogos III*, 2015, e em *Diálogos V*, 2010. (N.E.)]

5. Minha amante é Arqueanassa de Colofonte, em quem um amargo amor está em suas próprias rugas. Infelizes sois todos vós que topastes com tal beleza na primeira viagem desta; que incêndio atravessaste!

6. Quando beijo Agaton,[206] minha alma se encontra em meus lábios, para onde vem, pobrezinha, na esperança de ir além.

7. Arremesso a maçã a ti[207] e se estás disposta a amar-me, toma-a e compartilha tua feminilidade de moça comigo; porém, se teus pensamentos são o que oro para que não sejam, ainda assim toma-a e pondera quão efêmera é a beleza.

8. Sou uma maçã; alguém que te ama arremessa-me a ti.[208] Aceita, Xantipa;[209] tu e eu murchamos.

9. Somos eretrianos de Eubeia, mas permanecemos em Susa – ai de nós! – quão distantes de casa![210]

10. Um homem que descobriu algum ouro deixou um nó corrediço, e aquele que não descobriu o ouro deixado por ele prendeu-se no nó corrediço que descobriu.

11. Eu, Laís,[211] que arrojei à Grécia um riso tão desdenhoso e que, numa ocasião, mantive um enxame de jovens amantes à minha porta, dedico este espelho à Pafiana,[212] pois não é meu desejo ver-me como sou e não posso ver-me como fui.

---

206. Possível alusão a Agaton, poeta trágico e interlocutor no diálogo de Platão *O Banquete*.
207. Isto é, declaro-te meu amor. A maçã era uma fruta vinculada à Afrodite, a deusa do amor passional.
208. Ver nota anterior.
209. Provável alusão a Xantipa, esposa de Sócrates.
210. Em 490 a.C., os eretrianos de Eubeia foram transferidos pelos persas para a capital destes, Susa.
211. Possível alusão do autor a uma famosa cortesã de Corinto.
212. Ou seja, Afrodite, da qual havia um templo em Pafos, cidade de Chipre.

12. Este homem era agradável aos estrangeiros e caro aos seus concidadãos: Píndaro,[213] servo das Musas melodiosas.

13. Uma vez deixamos as altissonantes ondas do Egeu para aqui ficar em meio às planícies de Ecbatana. Adeus a ti, renomada Eretria, ex-pátria nossa. Adeus a ti, Atenas, vizinha da Eubeia. Adeus a ti, Mar que nos é caro.[214]

14. Eu sou o túmulo de um comandante de navio; o túmulo em frente é o de um agricultor, pois sob a terra e sob o mar é o mesmo lugar da Morte.

15. Marinheiros, ficai seguros no mar e em terra; a vós informarei que o túmulo por onde passais é o de um náufrago.

16. Declaram alguns que há nove Musas. Quão insensato! Olha para Safo de Lesbos;[215] ela constitui uma décima.

17. Quando Cipris[216] viu Cipris em Cnido disse "Ai de mim! Onde Praxiteles me viu nua?"[217]

18. As Graças, em busca para si de um altar insuscetível de desmoronar, encontraram a alma de Aristófanes.[218]

---

213. Píndaro de Tebas (518-442 [ou 439] a.C., poeta lírico.
214. Ver Epigrama 9 e nota 9.
215. Poetisa lírica.
216. Afrodite.
217. O escultor Praxiteles criou um nu de Afrodite, estátua presente em Cnido.
218. Aristófanes (c. 448-380 a.C.), poeta cômico contemporâneo de Sócrates e que figura como interlocutor em *O Banquete* de Platão.

Este livro foi impresso pela Gráfica Viena
em fonte Times New Roman sobre papel Holmen Vintage 80 g/m²
para a Edipro na primavera de 2019.